子どもの喜ぶ遊び・ゲームシリーズ①

子どもの喜ぶ伝承集団ゲーム集

有木昭久著

黎明書房

はじめに

「子どもと，どのようにあそんだらいいのか。どんなあそびを喜ぶのか——わからない。知りたい」という若い指導者や親が増えてきています。

家庭教育学級や幼稚園や保育園の母の会，青年リーダーの研修会などで，いろいろ話を聞くと，幼児期に親にあそんでもらった機会が少なく，あまりおぼえていないということでした。「やったことがある」と言った方に詳しく聞くと，「最近教わったんです」といったような笑えない話もあります。多くの人は，「知っています」「見たことがあります」というものの，自分では体験したことがないというのが実情でした。

しかし，そういった方でも，昔ながらの定番あそび「だるまさんがころんだ（はじめの一歩）」の話になると，がぜん目がランランと輝いたりします。これは，今の子どもも大好きなあそびの1つです。

「なぜ，今も昔もあそばれているのか」「子どもに喜ばれる遊びとはどのようなものか」——その答えは，下記のような，「子どもに受け入れられるあそびの要素が」詰まっているからだと思います。

① <u>不思議な言葉</u>　"はじめの一歩"で始まる。ヨーイドンでも，笛のピーでもない，口々に唱えるスタート
② おにが後ろを向いている間に，<u>おにに近づくスリル（挑戦）</u>
③ おににつかまった子を助ければ，<u>ヒーロー（主人公）になれる</u>
④ <u>誰でもできる</u>
⑤ <u>どこでもできる</u>

⑥　ルールがかんたん
⑦　身体に触れ合う（手をつなぐ）

　弱い子どもも，上手下手も関係なく，誰でも自分の力に応じて，自由におににパーッと近づいたり，ウロウロしたり……。伝承されてきたあそびには，こんなすばらしい智恵が隠されています。

　この伝承ゲーム（あそび）は，あそびのエキスです。子どもの喜ぶあそびは，古い，新しいではなくて，おもしろいか，おもしろくないかです。

　集まった仲間によってあそび方が変わり，工夫され，やがて創作へと発展していくでしょう。

　この本を通じて，子どもと一緒に活動し，喜んでいただけたら幸いです。

　　2009年4月1日

　　　　　　　　　　　　　　　　　　　　　　　　有　木　昭　久

この本の利用の仕方

はじめに

* もくじの題名を見て、どんなゲームか考えてみましょう。
* ページをひらき、絵だけ見て、どんなゲームか考えてみましょう。
* 説明文をよく読んで、あそびのルールを集まった子どもに合わせて、工夫しましょう。
* 一生懸命やるとケガが少ないので、おもいっきりあそんでください。

ゲームをする前に

* とくに用意するものは明記してありませんが、絵や説明文を見て、準備をしてください。
* あそぶまわりの環境を点検し、整備しましょう。
* 子どもに興味を持たせるように(何が始まるのかな)、線を引いたり、地面に絵をかきながら、あそびの説明をしましょう。
* 勇ましいあそびの時は、準備運動をしてから、始めましょう。
* 勇ましいあそびでは、けったり、ひっかいたり、なぐったり、かみついたり、首をしめるのは反則です。説明の時に大げさに動作をつけて、みんなに見本を見せましょう。子どもたちも理解し、大変喜び、大笑いします。

ゲームの始まり

* おにを決める
  ① 「ジャンケンポン」 全員でジャンケンをし、勝った人は抜けて、負けた人同士で、また行ないます。最後に残った人がおにになります。
  ② 「ドーンジャン」 一斉に2人ずつでジャンケンをして、勝った人は抜けて、負けた人は他の相手を見つけて、また行います。最後に残

った人がおにになります。

③ 「多いもんがちジャン」 "おおいもんがーちジャン"と全員で唱えながらジャンケンをして，グー，チョキ，パーのどの形が多いか，その数を調べて一番多い形の人が勝ちとなり抜けます。2〜3回ほど行ない，人数が少なくなったら，普通のジャンケンをして，おにを決めます。

④ 「○なしジャン」 リーダー（先生）が「グーなしジャン」と唱えたら，みんなはグーを出さないで，チョキかパーを出します。グーを出した人は残り，また「○なしジャン」と唱えます。何回か行なって，人数が少なくなったら，子ども同士で普通のジャンケンをしておにを決めます。

⑤ 「集団ジャンケン」 リーダー（先生）とジャンケンをします。負けた人はもう一度，リーダーと行ないます。こうして人数が少なくなったら子ども同士で普通のジャンケンをしておにを決めます。

⑥ 「ずいずいずっころばし」 集まった人は両手を軽く握り，輪になって並びます。リーダー（先生）は歌に合わせて，人指し指を1人1人のこぶしの穴の中に入れ，歌の終わりにあたったこぶしの人は抜けて，最後まで残った人がおにになります。

⑦ 「どのおせんべが焼けたかな」 両手の甲を上にして輪になり，リーダー（先生）が歌に合わせて人差し指で，1人1人の手の甲を突いて，歌の終わりにあたったら，焼けたことになり，ひっくり返し，両面焼けたら抜け，最後まで残った手の人がおにになります。

＊2チームに分ける
① 「グーパージャス」 全員がグーかパーのどちらかでジャンケンをします。人数を数え，同人数いたらそれぞれグループになります。奇数（11人）の時は，5人，6人と分かれます。

② 「ドン，ジャン」 2人でジャンケンをして，勝った人チームと負けた人チームに分かれます。

③ 「とり，とり」 仲間の中から代表を2人選んで（立候補でもよい），その2人でジャンケンをします。勝った人は，自分のグループにしたい1人を指名し，次に負けた人が選びます。また，2人はジャンケンし，次々に選びます。こうして2組みのグループに分けます。1人あまった時は，最後のジャンケンで勝った人が「ほしい」「あげる」と唱えて決めます。

④ 男女，2列並び，親子，クラスなど
現場の状況でいろいろ工夫しましょう。

＊3チームに分ける
① 「〇人はなかよし」 何人で何組つくるか，頭の中に入れておいて，「〇人はなかよし」と言って，子ども同士仲間をつくって座ります。
② 「グー，チョキ，パー集合」 3チームをつくる時，全員でジャンケンをして，自分の出した「グー」「チョキ」「パー」を唱え，同じグループ同士集まります。
③ 「ドレミ」 1列に並びます。リーダーは，前から順に頭をさわりながら，「ドレミドレミ」と唱え，チームに分けます。

(ゲームをしている時)

＊ルールの説明は，簡潔に。指導する現場の対象に合わせて，自分の言葉に直してください。また，一緒に動きながら，ルールがわからない子には説明してあげましょう。話を長くするより，身体を動かすことを優先させます。

＊勝負を決めるあそびは，勝ち負けをはっきりさせましょう。もちろん，勝負だけが目的ではありません。いかに楽しく遊ぶかが目的なのです。負けたチームもよくがんばった事を強調し，「エイエイオー」「チクサクコール」などをさせて，雰囲気を盛りあげましょう。

＊あそびがだいたい理解できて，動きまわっている時は集めずに，自由にやらせます。時にはどっちが勝ったかわからない事もありますが，そこは

子どもたちに「ゴメン，ゴメン，どっちが勝ったのかな」と正直に言うと，子どもはきちんと対応してくれます。

＊人数が足りない時などは，一緒に仲間として参加し，積極的に雰囲気をもりあげましょう。あそびの流れがあまりにも変わるようでしたら，一歩さがって様子を見ましょう。

この本のあそびの記録

各ゲームごとに記録をつけました。

年 月 日	対 象	場 所	喜 び
'09. 4. 1	年長児	園 庭	◎

- ●対象　年長児，小学校1〜4年生
- ●場所　園庭，教室，公園など
- ●喜び　喜んだ◎　　まあまあ○
  　　　　ぜんぜんダメ×

喜びが×の場合は，対象，場所，説明の仕方に，ひと工夫して再挑戦してみましょう。

指導メモ、あそびメモ

実践した時の様子や，あそびの展開，応用について書いてあります。

"あそび方""ルール"だけではなく，ぜひ読んでください。新しいあそびのヒントになれば幸いです。

もくじ

はじめに …1
この本の利用の仕方 …3

いろいろあそび

1 あひるの足 とっかえ …12
2 あひるの ゆうびんやさん …14
3 おじぞうさん …16
4 おみせやさん …18
5 お人形さん …20
6 電信柱 …22
7 あひるの 親子 …24
8 波とび天国 …26
9 ことろ ことろ …28
10 りんごの 皮むき …30
11 ぶたの まるやき …32
12 おふろ …34
13 反対信号 …36
14 何歩何歩 …38
＜コラム＞「伝承あそびを工夫する」―現場から―① …40

グループであそぼう

- 15 ドロケイ …42
- 16 陣とり …44
- 17 なが馬 …46
- 18 馬とび …50
- 19 水雷艦長 …52
- 20 開戦ドン …54
- 21 ぞうきん（温泉とり） …58
- 22 宝まわし …60
- 23 Ｓケン …62

みんなであそぼう

- 24 ポコペン …66
- 25 カンけりおに …68
- 26 手つなぎおに …72
- 27 うずまきおに …74
- 28 Ｔ字おに …76
- 29 ねこ と ねずみ …78
- 30 ハンカチ落とし …80
- 31 十字架おに …82
- 32 くつかくし …84
- 33 くさり …86
- 34 針と糸（くぐりあそび） …88
- 35 人工衛星まわせ …90

36 人工衛星とばそ …92

37 ジャンケン天下とり …94

38 手ぬぐいとり …96

39 グリコ …98

40 だるまさんが ころんだ …100

41 押しくらまんじゅう …102

42 5度ぶつけ …104

<コラム>「伝承あそびを工夫する」―現場から―② …106

うたってあそぼう

43 あんたがた どこさ …108

44 ごんべさんの赤ちゃん …110

45 花いちもんめ …112

46 ことしの ぼたん …115

47 あぶくたった …118

いろいろあそび

1 あひるの足 とっかえ

　おにを真中にして,子は円をつくりましょう。用意ができたら,おには「あひるの足とっかえ」と宣言します。すると子は片足になって,おにのまわりをケンケンでまわります。

　おには,足を動かさずに,首を左右前後に動かし,子がきちんと片足でとんでいるかどうか見ます。子は,おにに見つからないように足をとりかえ,おには,子が足をとりかえる瞬間を見つけるというあそびです。おにに見つかった子はアウトになり,抜けて見ています。

　おにが「ヤメター」と宣言するまで,このあそびは続けられますが,あまり長い時間やっていると,足の方がだんだん痛くなって,「もうヤメヨーヨ」と,子がいいます。ここに,おにと子のかけひきがあります。おには,いじわるをして,みんなを見つけるまで,もちろんやってかまわないのですが,あまりしつこいと,まわりの子どもたちがぶつぶつ言い始めるので,たいてい,いい加減なところでやめになります。

　アウトになった子は,ジャンケンで次のあそびのおにを決めます。

🌱 ありんこのあそびメモ

　このあそびは,いろいろあそびをする時には必ず1度は出てくるあそびで,片足でとぶ苦しさをよく味わったものでした。子がおにのすきを見ながら,何くわぬ顔でパッと足をかえるスリルは何ともいえませんが,見つかった時にはとてもくやしい思いがしました。見つかっても,「絶対見えてないよー」と断固主張し続ける子もよく出たものですが,ケンカまでには至りませんでした。

伝承●いろいろあそび

子はケンケンでおにをまわる
おにのすきを見て足をかえる。
おにはそれを見つける。

あひるの ゆうびんやさん

　親になった子を先頭に，後ろへ順に子ども，おにと1列に並んで，親の後についていきます。親は，走ったり歩いたりしながら，途中で小石をひろったり葉っぱをひろったり，またひろったふりをしてひろわずにいたり，ひろったものを子どもに見つからないように落としてみたりします。後ろの子どもたちは，親のやる動作をじっくり見て，だまされないようにします。

　こうして，親がもとの地点に戻ってきた時に「1・2の3」で，親も子もおにも一緒に手をひろげます。この時，親と同じように持っていた人は合格，ちがった人はアウトになり，ジャンケンでおにを決め，次のあそびに移ります。この遊びの面白さは，意外や意外，親のすぐ後ろについていた子がはずれて，いちばん後ろの子やおにの方がよくあたるということでしょう。また「1・2の3」で手を開く時の胸のときめきです。はずれた時のくやしさ，あたった時のうれしさが真骨頂，さあ，やってみましょう。

　おには，みんなの帰りを待っている方法（待ち）と，子の間を走り抜け，目くらまし戦法をとり，子をできるだけアウトにさせたりする方法（目くらまし），1人でも子が親と同じになったら親はおになるという方法（急降下）もあります。

🌱 ありんこのあそびメモ

　このあそびは，おにが「あひるのゆうびんやさん」といったら，子は「何ですか」と問います。おには「ふつうの，待ち，目くらまし，急降下」のいずれかをいって始まります。このおにの言葉によって親や子はハッスルしました。これに似たあそびで"カラスのお使い"というのは，おにが馬になり親から順に「カラスのお使い」といって馬をとび，どこかで石か葉っぱをひろってきて，おにに「ナーンダ」と聞きます。あてられた子がアウトです。

伝承●いろいろあそび

親は庭中を歩いて，小石や葉っぱなどをひろう。またはひろうふりをする。子はあとについて親のしぐさを見て，ひろったり，ひろわなかったりする。

出発したところに戻って手の中を見せあい，親と同じならよい。

③ おじぞうさん

　子どもは横に1列に並び，おじぞうさんのようにまっすぐ動かないで立ち，両手を前に手の平が上になるように差し出し，おにが，おそなえの石や葉を置くのを待ちます。おには，おじぞうさんの手の平にすばやく小石や葉を1つずつのせていきます。

　おじぞうさんは，おにが他のおじぞうさんにのせているすきに，今のせられた小石または葉を，大急ぎで手をひっくり返して落とします。そして知らんぷり。しかし落とす瞬間をおにに見つけられてしまったらアウト。列から離れて待ちます。

　こうして，おには両手の合計が4個になるまでのせていきます。4個のせられてしまった子はアウトになります。おには，ある人数アウトにしたら「おしまい」を宣言し，アウトになった人は，ジャンケンで次のあそびのおにを決めます。

🌷 ありんこのあそびメモ

　おにの見ていない間に「サッ」 "あひるの足とっかえ" もそうだったように，危機一発をのがれる瞬間は緊張します。見つかった時のくやしさ，また逆にとぼけて知らんぷり，これはまさに演技そのものでもあります。これと並行してやった "おじぞうさんとだんご" は，みんな外を向いてまるくなり，だんごを10個食べるまねをおにに見つからないようにやるあそびです。おには円の外側をぐるぐるまわって見つけます。この場合はうまく10個を食べた人が合格，そして円から外れます。このあそびは，自分で正直に申告するものですから，もし虚偽の申告を見つかったら，みんなにのけものにされてしまいますので，とても真剣にやったものです。

伝承●いろいろあそび

おにが手にのせた石や葉っぱを
おじぞうさんの子はおにに見つ
からないように落とす。

まわりをまわるおにに見つからないようにダンゴを食べるまねを10回する。

食べるまねをするとき，
数をいう。

4 おみせやさん

　おにを1人決めましょう。おにには片足を前に出して座ります。ジャンケンでいちばん勝った人を先頭にして，他の子は後ろに並びます。

　おには，八百屋さん，魚屋さん，花屋さんとか，けもの，虫，乗物などのうちから1つ選んで，例えば「八百屋さん」と宣言します。

　子は「八百屋さん」に売っているものの名前をすばやくいうと，おにの片足の門をまたぐことができます。またいだ子はおにの後ろをぐるっとまわって，いちばん後ろの子につながります。おには，子が通る時に10数えます。子はこの間に考えられなかったり，すでに言ったものや関係のないものをいった時はアウトになり，抜けて見ています。人数が少なくなってくると，何回もおにの前を通るので，ますます厳しくなります。

　自分の番がくるまでに名前を考えておくのですが，すぐ前の人に同じものを言われてしまうことがよくあり，その時は「アー，ウー」になってしまいます。おには，アウトになった子が5人くらいになったら「ヤメー」の宣言ができ，アウトになった子同士，ジャンケンをして次のおにを決めます。

🌱 ありんこのあそびメモ

　片足ケンケンや両足とびで，おにの門をとび越えたり，後ろ向きに歩いたり，また「5回まわり」といって，5回おにの門を通ったら，あそびの終了という方法等でやりました。

　集まった子どもの人数・年齢などで，1つのあそびもいくつもの変化をしました。幼稚園ではグランドシートでトンネルをつくり，出口のところでおにが待っていて，いろいろ質問をして，うまく答えられたら通らせたり，このあそびから種々のあそびが生まれました。

伝承●いろいろあそび

おにはやさいなどの名前をいわせる。
子はおにが10数える間に答えておにの
出した足を越えていく。

5 お人形さん

　おにを1人決めます。他の子は全員，おににさわりましょう。みんなさわったかな？　おには「お人形さん，さようなら」と唱えます。この時みんなは逃げ，最後のらの言葉で止まり，お人形さんのようにじっと動かずに立っています。

　そこへおにがやってきて，このお人形さんたちを後ろまたは横から両手で突き放して，他のお人形さんにあてるあそびです。押されて他のお人形さんにあたった子はアウトになり抜けます。ですから押された人形は他の人形にぶつからないように，体をよじってよけなければなりません。おには続けて同じ人形を押すことはできません。

　おには，まず，遠くにいる人形たちを最初のうちに近くへ集めるといいですね。そして集まったところを見はからって目標の人形にあてましょう。

　お人形さんは，おにに押された力だけで動き，自分で勝手に走らないようにしましょう。

🌱 ありんこのあそびメモ

　このあそびは，路地裏のせまいところでよくやりました。題名は〝お人形さん〟と，とてもかわいい名前なのですが，どうしてどうして，結構大変なのです。弱い人形だと，ただ押されただけでひっくり返ってしまいますが，強い人形はビクともしません。うまく身をねじってよけたのはいいのですが，人の家の垣根にとびこんでしまったこともありました。

記録	年月日	対象	場所	喜び

伝承●いろいろあそび

6 電信柱

　おには馬になります。
　親がまず，おにの背中に手をついて馬とびをします。とび越えたら，そのままの状態でじっとしています。
　次の子も馬とびをしますが，前の人にさわらないように，どこに着地するか考えて，うまくとび越します。さわった人はアウトになって抜けて見ています。
　こうして全員とび越したら，今度はいちばん最後にとんだ人から順に馬の方に向いて足の位置をかえて，その位置から馬の背中に手をついて馬とびをするあそびです。
　おに以外は，みんな電信柱のようにじっと立っています。動いたらもちろんアウトになります。
　人数が多いと，さわってしまうので大変苦労します。親は元気に遠くまでとんだり，わざとあまりとばないようにして，子を助けたりアウトにしたりします。このあそびは親の胸三寸でかなり決まってしまいます。人数が少ない時には，とび終わったら「電線はった」といって両手を横にのばし，じっとして待ちます。全員とび終わったら，最後の子から「電線切った」といって手を下ろし，馬をとびます。

🌱 ありんこのあそびメモ

　親はまずアウトになることはほとんどありませんが，あまり遠くにとんでしまうと，最後にとび越せなくなるので用心用心！　特にとべない子が先にとぶと，後ろの人が大変苦労してしまいます。馬の頭の方からとんだり，お尻の方からとんだり，いろいろ工夫したものです。

伝承●いろいろあそび

子はおにをとんだら，そこでじっと立つ。

他の子にさわらないようにして，次々にとんでいく。
さわるとアウトで抜ける。みんながとび終えたら，その場で足を反対向きにしておにをとびかえる。

7 あひるの 親子

　ジャンケンで，おにと親と子を決めましょう。親と子は，この線（スタート）から向こうの線（ゴール）まで無事に行けたらセーフ。途中でアウトの子は抜けていくあそびです。まず親が両足でスタートラインから１歩前にとびます。子は片足でとんで親につかまり，あげている足が地面につかないように軸足を動かさずにしっかり頑張ります。

　親も，子が足をつかないようにグッと支えます。親がフラフラしていると，子は足がついてしまいますよ。次々と子は順番にとんで親の背中や手につかまったり，親に手が届かない時には近くの子にしっかりつかまりましょう。

　次にいちばん最後にとんだ子とおにとでジャンケンをして下さい。おにが勝ったら１歩とんで，１度だけあひるの親子を押すことができます。もしおにが負けたら，おにはそのまま，親がまた１歩進み，子も片足で進んで親につかまります。ここでまたジャンケン。こうして，おにとあひるのおにごっこのようになります。おにに押されて足をついたり，ひっくり返ったらアウトになり抜けて待ちます。

　進んでジャンケン，進んでジャンケン，ジャンケンの弱い子だとおにに追いつかれて押されてしまいます。しかし親が強いと子は安心。こうして，おにに押されてもひっくり返ったり足をつかずに，ゴールに無事到着します。

🌱 ありんこのあそびメモ

　親になった子が弱そうだナと思った時におにが"あひるの親子"とよく宣言します。なぜなら，両足で立っているのは親だけですし，それにつかまっている子は片足。お互いにおににアウトにされないように，親が自分の強さで子の弱さをカバーして難を乗り越えるあそびでもあります。伝承ゲームの真髄といえましょう。

伝承●いろいろあそび

はじめ親は1歩とぶ。子は順番に片足でとんで立つ。
いちばん最後の子がおにとジャンケンをして勝ったら親はまた1歩とび,子もとぶ。

おにがジャンケンに勝ったら1歩とんで,1度みんなを押せる。この時,足をついたり,ころんだ子はアウト!! こうしてゴールまでいく。

⑧ 波とび天国

　地面に長い四角をかき，その中に図のような波をかいて用意します。ジャンケンでいちばん勝った人が親になり，順に子1，子2，……子6になります。

　親がまずAの線の手前から波と波の間のどこかにとんで入ります。子1……子6と順に親が入った波の空間に入ります。この時，線をふんだり，人をたおしたり，両足がつかなかったり，その空間に入れなかったらアウトとなり，抜けて審判になります。こうして，親は天国にたどりつきます。

　親が天国に着いて，子2だけがアウトにならず天国まで来た時は，子2が次の親になり，今までの親は残った人数の後の番になります。ですから，親は子を天国まで来させないように，遠くへとんだり，足を広げたりして，子にせまい空間を残すようにして進みます。

　アウトになった子は，ジャンケンをして勝った順にそれぞれ残った子の後ろにつきます。こうしてまた遊びが続けられます。

　もし途中で親が線をふんだりしてアウトになった時は，子1が親の代わりをします。さあ，天国に行けるのはだれかな？

🌷 ありんこのあそびメモ

　このあそびは，人数や集まった仲間の構成で四角を細長くしたり，波の幅や数を変えておこないます。厳しいのになると，足の大きさより波の幅がせまいというものがあります。こういう時は足を横にしなければなりません。

　ある時は途中に幅の広い地獄などをつくり，入ったらアウトというものもやりました。何といっても親は自分の思う通りに進めますから，子は親をできるだけ邪魔するように，親の前に立つか，足がいくようにします。このかけひきが，何ともいえませんでした。

伝承●いろいろあそび

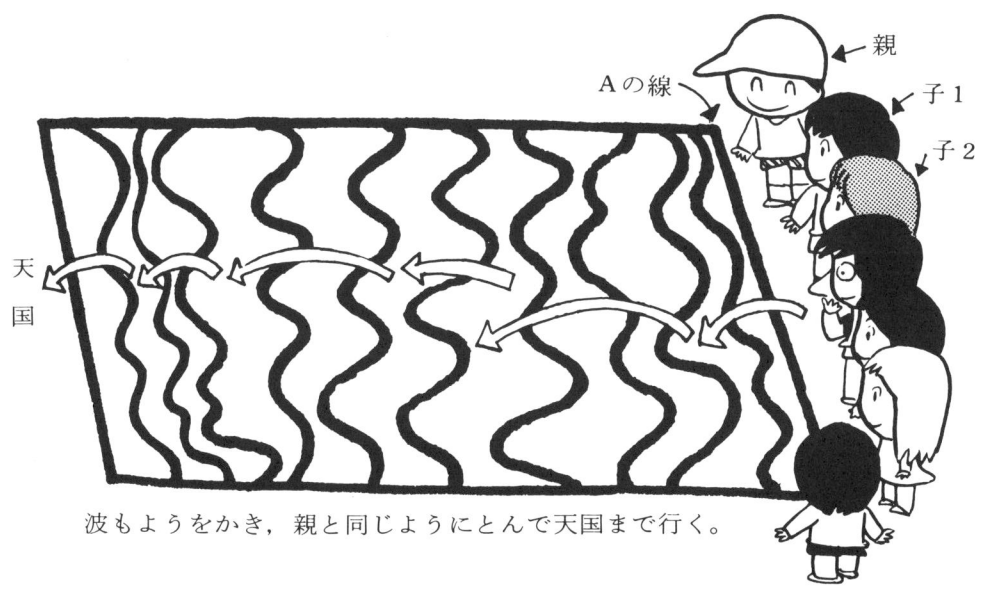

波もようをかき,親と同じようにとんで天国まで行く。

9 ことろ ことろ

　おにを1人決めます。
　勝った順に，親，子1……子4となり，親の後ろに1列に並び，順に前の子の腰に手をかけてつながります。まず，親とおにが向かい合って問答をします。
　おに「こーとろ　ことろ」
　親　「どの子を　ことろ」
　おに「あの子を　ことろ」
　親　「とるなら　とってみろ」
　おに「こーとろ　ことろ」
　この言葉をいい終わった瞬間に，おには列のいちばん後ろの子をつかまえます。親は，そうはさせじと必死にいちばん後ろの子がつかまらないように両手を広げてたちはだかり，邪魔をします。もし，後ろの子がおにつかまってしまったら，おには子4に，親はおにに，つかまった子は子3となり，あそびをつづけます。
　親はいつもおにの目の前に立ちはだかるように，いちばん後ろの子は親が行くのとは反対に動くようにガンバリましょう。

🌷 ありんこのあそびメモ

　このあそびは集団あそびの中でも特に古く，平安時代中期に天台宗の高僧恵心僧都によって作られたものとされていて，『三国伝記』（1431年）には，地獄の鬼が罪人たちをつかまえようとするのを地蔵菩薩がかばっている図が描かれています。
　当時「ひふくめ」と呼ばれて子どもたちにあそばれ，今現在も脈々とこのあそびが伝わっていることは，全くもって驚異でなりません。

伝承●いろいろあそび

「ことろ　ことろ」の歌をうたい終わったら戦闘開始。

子がつかまったら親がおにに，子1が親に，おにはいちばん後ろの子になる。

10 りんごの 皮むき

　1人ずつ，おにの前に立ちます。
　おには，りんごの皮をむくように「ペローリ，ペローリ」といいながら，足の先から頭のてっぺんまで，ぐるぐるまわりながら順にさわりましょう。
　子は，その間，1度も笑わず，体を動かさなければ合格。おには次の子にまた同じようにさわります。
　こうして次々に全員おこない，笑ったり動いたりした子はアウトになり，ジャンケンをしてまた次の，新しいいろいろあそびへと入ります。
　おには，どうやったら子が笑ったり動いたりするかを考えます。何といっても，さわるかさわらないくらいの，ちょっとした触れがいちばんききます。
　やられている子はもちろんのこと，見ている方も何となく自分がされているようで，ときどき，鳥肌が立ってしまいます。

🌷 ありんこのあそびメモ

　何しろ，このあそびは，じっと我慢の子でいなければなりません。おにが力で勝てなくても，これなら一方的にやるので，小さい子が得意とした種目でした。大きい子がおにになってこれをおこなっても，小さい子はほとんど平気で，喜んでこのあそびを受けとめていました。男女差別なくやったと覚えているのですが，この時は何も考えずにやっていたのですね。

記録	年月日	対象	場所	喜び

伝承●いろいろあそび

おには子の足から頭まで，まわりながら「ペローリ，ペローリ」といってさわっていく。

子は１度も笑わなければ合格。

11　ぶたの まるやき

　子は，おにの前に前かがみになって線のところで待ちます。おには「ぶ
た
・
のまるやき」と唱えながら，子の背中を包丁で切るように，片手で1つずつ
の言葉に合わせて手刀で背中からお尻の近くまで切っていきます。
　そうして最後の言葉のき
・
で子のお尻を手の平でたたき，前へ押し出すよう
にします。子はグッとがまんして動かないようにしますが，もちろん全然動
かなければＯＫ，動いてしまったら足の止まった地点にしるしをつけて次の
人と交替します。
　こうして，おには次々と「ぶたのまるやき」をおこない，いちばん遠くま
で動いてしまった人が次回のおにになります。
　または「ぶたのまるや
・
き」といって，おにはすばやく10数え，その間，子
はじっとがまんして動かなかったらＯＫ，動いたものは全部アウトになると
いう方法もあります。時には「ぶたのこ
・
まぎれ」といったりします。

🌱 ありんこのあそびメモ

　あそびの中で，こうしてきちんと相手のお尻をたたけるのは，いいもの
ですね。あそびの中ですから，痛くてもがまんしなくてはならないし，やられ
ても，また自分も同じようにできる機会が与えられていますから，メッタな
ことで泣くわけにいきません。ヒザを曲げ，お尻をグッと落とすとかなりこ
たえられます。つい最近，近所の子らとやったところ，前につんのめって顔
からすべりこんだ子がいたのには，びっくりしてしまいました。

記　録	年月日	対　　象	場　　所	喜　　び

伝承●いろいろあそび

「ぶたのまるやき」といいながら
おには背中を切っていく。

ぶたのまるや

き

最後の「き」でお尻をたたき，
前へ押す。
子は前へ動かないようにこらえる。

こうしてみんなやって，いちばん前へいった子が負け。

12 おふろ

おにを1人決めます。おにが馬になるんですよ。

勝った人から順に馬をとびましょう。全員とび終わったら，おにはすわって両手で輪をつくります。この輪がおふろですよ。その輪の中に順に子どもは両足をおにの体や手に触れないように上から入りましょう。おにはこの時10数えます。その間は子はじっと動かずにいます。数え終わったら，そおっとおふろから出ます。入る時や出る時に，このおふろに触れてしまった子はアウトになります。こうして次々におこないます。もちろん，おふろのおにも，わざと手を動かしたりして子に触れたら，反則になります。

でも，おもしろい顔をして相手を笑わせるのはいいですよ。

🌱 ありんこのあそびメモ

低学年の小さな子がおにになると，体の大きい子からはたいてい「ワァ，ヤダナー，アレカヨー」などと，よく文句が出たものですが，それでもやりました。時には，「片足だけ」などというルールをつくって，何とかおにになるのを逃げたりもしました。また逆に，大きい子がおにになった時には，輪の中に完全に体を沈めるというルールをつくったり，おにになった子には1人10回必ず肩をたたくなど，いろいろ工夫してあそびました。

記録	年月日	対象	場所	喜び

伝承●いろいろあそび

おにを決め，みんなはとぶ。

みんながとび終わるとおには手で輪をつくり，
とんだ子はその中におににさわらないように入る。

上から入り上へぬける。

1・2・3・4・5…10

じっとがまんの子

13 反対信号

　おにを真中にして子どもは輪をつくりましょう。用意ができたら，おには言葉の信号を送ります。おにがもしも「とまれー」と信号を送ったら，子どもは一斉に歩き始めます。「すすめー」といったら，止まります。

　このように，おにが命令した言葉の信号と反対のことを間違わずにおこなうあそびです。

　間違えた子は，抜けて円の外で待っています。おには次々と「両手を下ろして」「右向け」などといっていきます。

　おには1人でも2人でも，間違えた子がいたら途中でやめて，おにを交替してもよいし，また最後までねばって，全員間違えるまで頑張って親を獲得してもよいのです。

　おには，わざといろいろな動作をして，子どもたちを困らせたりします。子はおにの動作につられないように，しっかり言葉だけを聞いて反対の動作をしましょう。

ありんこのあそびメモ

　このあそびによく似たものが，よく子どもたちの室内集会で見られます。リーダーが「私のいった言葉と反対のことをして下さい」とか「私が『ハイ手をあげて』といったら，みなさん手をあげましょう。でも，言葉の前に『ハイ』という言葉がつかないで，ただ『手をあげて』といった時には手をあげたらアウトです」とかいい，命令通りにするか反対のことをするかのあそびです。

　"鼻々あそび"や"旗上げあそび"は命令通りにするあそびですが，ついリーダーにつられてしまう愉快なあそびです。

伝承●いろいろあそび

おにがいうのと反対のことを子はやる。
いったとおりにすると，アウトで抜ける。

つられちゃった

アウト

両手あげて！

へいきへいき

おっと

「両手あげて」とおにがいうと，子は手をさげる。

37

14 何歩何歩

　おには「4歩3歩」とか「5歩3歩」などと，みんなにいいます。ここでは4歩3歩の例でやってみます。これは，往きは4歩，帰りは3歩で帰るという意味です。まず親は線の手前から走ってきて，線をふむか少し手前からとび，4歩目で両足で止まります。次に子1が親と同じようにとんで，4歩目が親よりも必ず前に出るようにします。

　こうして順次とんで，最後におにがとびます。もし前の人よりも足が前にいかない時はアウトになり，抜けてみんなのやるのを見ています。

　全員とび終わったら，親は足を180度回転させて線に向かって3歩で元の線まで戻ります。他の子も順次おこない，うまく3歩で帰れなかった子はアウトになります。

ルール

　自分より前の人が3歩で帰るところを2歩で帰ったら（これをきるといいます），次の人からは2歩で帰らないとアウトになります。こうしてアウトになった子がまたジャンケンをして，いちばん負けた人がおにです。

🌱 ありんこのあそびメモ

　親はいちばん始めにとぶので，ある程度予測をたててとびます。あまり遠くにとぶと，帰りの歩数が少ないので厳しくなり，あまり近いと簡単すぎておもしろくなくなってしまいます。親が近い時は，2番目，3番目の子が少し遠くへいくと，おもしろさが増すでしょう。

　このあそびに，おにがアウトにならなかったら，親が無事に帰っても親はアウトという新ルールをつけ加えたら，一層楽しくなりました。

伝承●いろいろあそび

親が4歩でいったところより，子1は
遠くへいかなくてはいけない。子2は
子3より遠くへいく。

帰りは3歩で線まで帰る。
帰れないとアウト！

「伝承あそびを工夫する」 ―現場から―①

①　"だるまさんがころんだ"――ついていくあそび

公園や山に行った時に，こんなあそびをしましょう。

「先生が，だるまのお母さんです。みんな，あとに１列になって，ついてきてください。オイッチニ，オイッチニ，上手ですね。では，今度は歩きながら『だるまさんがころんだ』と言いますから，動いているところが見つからないようについてきてね。では始めます。」

「だるまさんがころんだ」と言ったら，先生は振り返り，動いている子を見つけ，見つかった子は，列の１番後ろにならび，見つからなかった子は，そのまま同じことをくりかえして行進を続けます。

以前３歳児の子どもと山歩きをしている時，「もう疲れた，歩けない」という子が，たくさん出てきて，なんとか山のてっぺんまで登らせたいと思いました。このあそびは，そんな時，突然生まれ，なんと子どもは，勇気百倍！　あっという間に山の頂上に着いて，思わず「バンザイ」。みんなとってもいい顔でした。

②　"だるまさんがころんだ，ころばない"――ころべるあそび

鬼がうしろを向いて「だるまさんがころんだ」といったら，ころびます。「だるまさんがころばない」と言ったら，ころばないあそびです。このあそびのみそは「わざところぶ」ところです。こんなあそびが，子どもは大好きです。

③　"だるまさんがころんだ。はなくそまんきんたん"

――かくれるあそび

親子のつどいで，こんなあそびをしましょう。

お母さんのひざに子どもは座ります。「だるまさんがころんだ」と言ったら，お母さんのうしろにかくれ，「はなくそまんきんたん」と言ったら，もとに戻ります。ただこれだけのあそびですが，キャーキャーと大騒ぎ。

どの伝承あそびも工夫すると，何倍も何倍も楽しく遊べます。

グループであそぼう

15 ドロケイ

　2つのチームに分かれます。ジャンケンで勝ったチームが「ドロボウ」となり，負けたチームが「ケイサツ官」となります。このあそびを略して"ドロケイ"といいます。こうしてドロボウが全員つかまるまであそびが続けられ，つかまったら，ケイサツ官とドロボウは交替します。

　さて，2組に分かれたら，ケイサツ官は牢屋（木または塀など）を決め，全員で50数えます。その間にドロボウ組は，決められた範囲の地域にバラバラとにげます。数え終わったケイサツ官はドロボウをつかまえに，それぞれに散っていきます。もしドロボウを見つけたら追いかけてつかまえ，大急ぎで「1～10」を唱えます。10数えられたドロボウはつかまったことになり，牢屋まで連れてこられ，木にさわって助けがくるのを待ちます。ドロボウはケイサツ官の目をごまかしながら，また，つかまっても10数えられないうちに逃げたりしながら，仲間のドロボウをタッチして助けます。

🐜 ありんこのあそびメモ

　このあそびは，今でも大変よくおこなわれている伝承ゲームで，とても人気があります。最近では"ドロケイ""ケイドロ""ドロジュン（ドロボウと巡査）"と呼んでいるようですが，私は"悪漢探偵"といってよくやったものです。追いかけられて決められた区域を破った時には「クウキヤブリ」といっていました。今考えると，空気破りは区域破りのことだったのだナァと改めて知りました。

記　録	年月日	対　　象	場　　所	喜　び

伝承●グループであそぼう

ケイサツ官がドロボウを
つかまえる。

かくれてて
助けに
いこう

ケイサツ官

ドロボウ

どこに
いるかな

1・2・3・4・あ…！

つかまっても，
10数える間にに
げだせる。

1・2・3・4・5
・・・・10

つかまったドロボウは
木につながれる。

16 陣とり

　2つのチームに分かれ，それぞれ円の中に入り，順番に並びます。円と円の間にクニャクニャの道を1本かいておきましょう。

　「ヨーイ・ドン」の合図で両チームから1人ずつ出て道の上を走ります。相手と出会ったら，そこで「ドン」といって手と手を合わせます。そして，ジャンケンをして負けた人はすばやく道からはずれて，自分の陣に戻って最後尾につきます。

　勝った人は，そのまま先に進みます。負けたチームの人はすぐ出発して，また相手と「ドン」をしてジャンケンをします。こうしてジャンケンをしながら道を進み，早く相手の陣地（円）に足を踏み入れたチームの勝ちというあそびです。

　勝負がついたら，また最初から始めます。次ページ下図のように，うずまきにしたり，平均台の上でやったりもしてみましょう。

🌷 ありんこのあそびメモ

　このあそびを，近所の子は"ドンジャン""蛇ジャン""かたつむり""うずまき""1本指"などと，さまざまに呼んでいますが，ルールはみな同じで，集まる人によって名前が違っているのは大変おもしろく，自由に形を変えたりできるのがいいですね。このあそびはジャンケンに勝てば進めるので，小さい子も一緒に楽しく参加でき，大変人気のあるものです。人数が多い時は2本道にしてみるとおもしろいですね。

記録	年月日	対象	場所	喜び

伝承●グループであそぼう

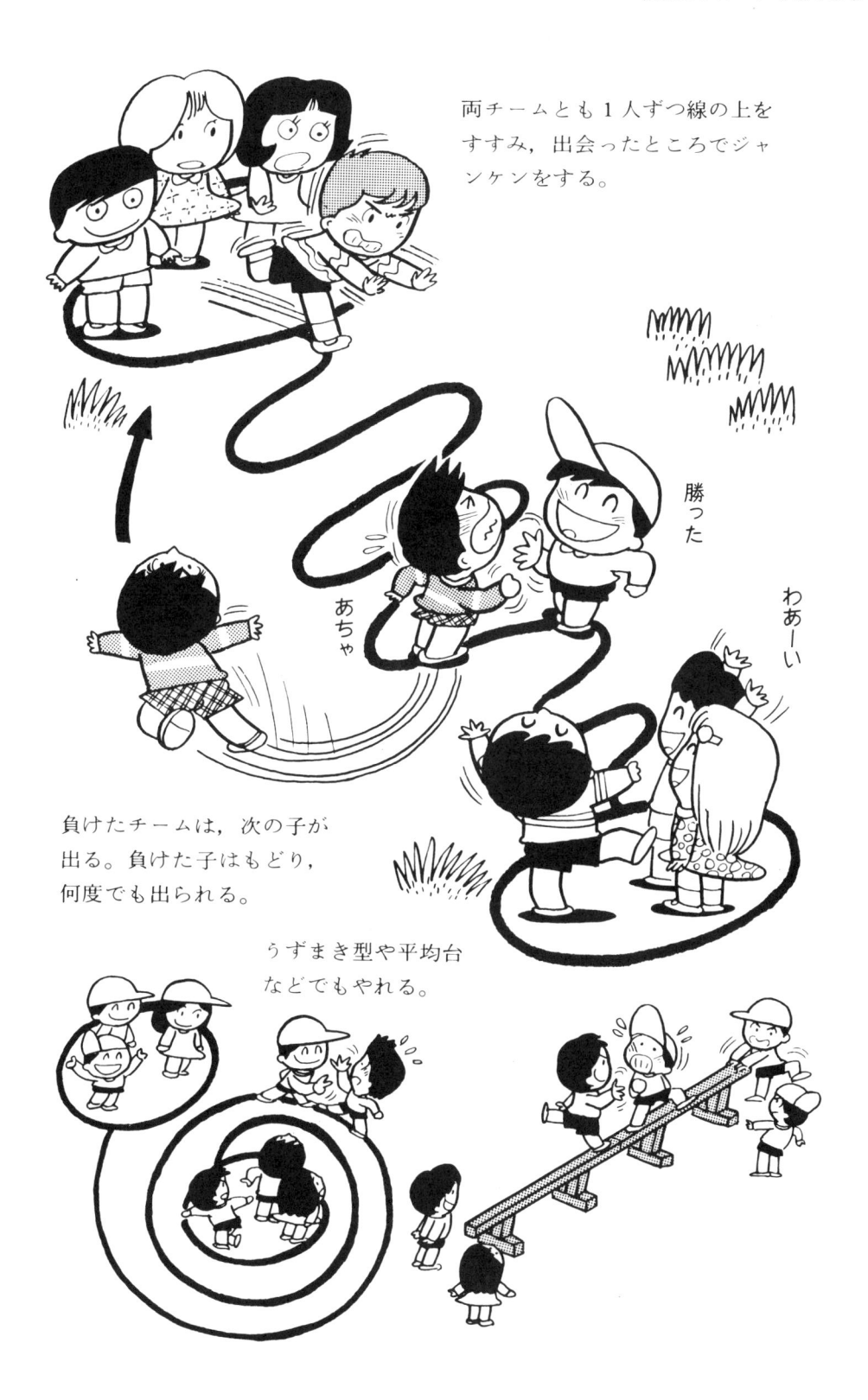

両チームとも1人ずつ線の上をすすみ、出会ったところでジャンケンをする。

勝った

あちゃ

わあーい

負けたチームは、次の子が出る。負けた子はもどり、何度でも出られる。

うずまき型や平均台などでもやれる。

17 なが馬

　ジャンケンをして2チームに分かれ，ジャンケンで負けた方が馬チームになります。馬チームはみんなで相談して馬の頭を決め，その他の人は順につながって馬の背になります。
　用意ができたら，勝った方の乗るチームは順番を決めて，走ってきて馬の背に手をついてとび乗ります。こうして次々にとび，馬の背から落ちないでうまく最後の人がとび乗ったら，全員で10数えて，馬の頭といちばん先にとんだ人とがジャンケンをします。
　馬の頭が勝ったら，今度は馬のチームが乗る番になります。馬の頭が負けたら，もう一度馬になります。この時，今度はだれが馬の頭になるか決めます。
　全員とび終わるまでに，乗るチームのだれかが馬から落ちた時（落っこちという）は，馬チームと交替です。
　馬のチームは，乗るチームが全員とび終わって10数えるまでにつぶれたり（おっつぶれという），切れたり（おっちぎれという）したら，もう1度馬になります。
　こうして馬になったり乗る人になったりしてあそびます。
　では，ここで作戦をそっと教えましょう。
☆乗るチーム
　ジャンケンが強くてジャンプ力のある人がいちばん初めにとび，あまりとべない人は最後の方にとびます。また，馬が弱そうなところに何人も乗るようにします。
　また，49ページの図1のように，乗った人の背中を利用して落差をつけてとんだりします。

伝承●グループであそぼう

おっと

「おっちぎれ」

「おっつぶれ」

「おっこち」

47

☆馬チーム

いちばん人が重なって乗りそうなところには，強い子を配置したり，つぶれそうなところの人の下には，他の人がもぐりこんで補強（あんこという）したりします（図2）。

その他のルール

乗る人……とび終わったら，馬の背中を腕で先に進んではいけません（おひきずり）。また，手をつかずにとんで，お尻だけ馬の背にドンとのせてはいけません（図3）。

馬の人……わざとゆらして，乗る人を落としてはいけません（おゆらし）。

ありんこのあそびメモ

このあそびは，男の子のあそびの中でも特に厳しいものの1つでしょう。暇さえあればよくやったものですが，10年ほど前から，このあそびをしての骨折があい次ぎ，学校で禁止されてからは，あまり，あそんでいるのを見かけなくなりました。

コンクリートの庭が，子どもたちをモヤシにしてしまった1つの要因ですが，最近，都内では次々とこのコンクリートの庭が土に変わりつつあるようです。子どもたちにとって，何が大切なのか，やっと大人も先生も気がついてきたようです。

勇ましいあそびの中にこそ，知恵と工夫と勇気と我慢が生まれるのです。

記録	年月日	対象	場所	喜び

伝承●グループであそぼう

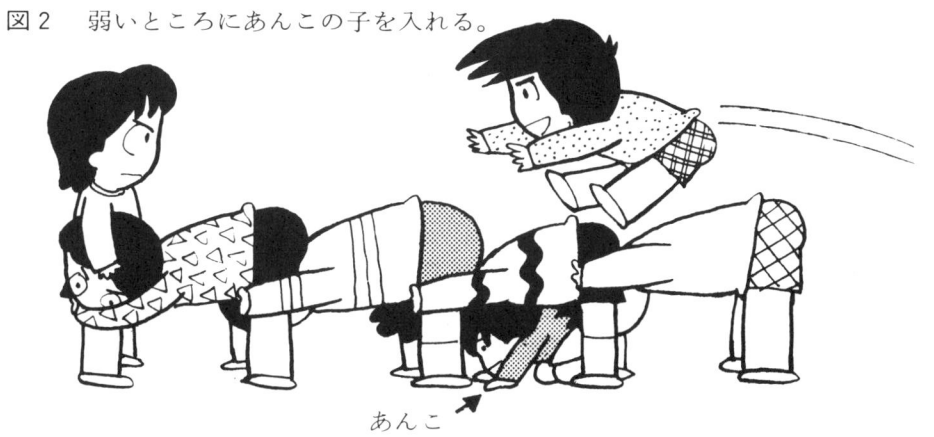

図1

こういうのはOK！

図2　弱いところにあんこの子を入れる。

あんこ

図3　手をつかないのは反則。

49

18 馬とび

　ジャンケンで，いちばん負けた子が馬になり，次に負けた子が命令者になります。馬は線と自分の足を平行において，背中をまるめ，馬のかっこうをします。命令者が「０歩」といったら，いちばん勝った人から順に線のところから両手をついて，足を開いて馬の背中をとび越します。

　命令者が最後にとんで着地した地点に馬は移動します。命令者は「０歩」または「１歩」などといいます。もし「０歩」といった時は走ってきて，線の上からジャンプして馬の背に手をついてとび越します。とべなかった人はアウトになります。もしアウトになった人が２人いたら，ジャンケンをして負けた子が馬，もう１人が命令者になります。先ほどの命令者は順がくり上がり，馬は命令者の後にとぶ順がきます。

　もし「１歩」といった時は，線から１歩とんでから馬をとびます。

その他のルール

○ だれかがアウトになり，新しい命令者が決まったら，その命令者に従って最初からやり直すか，今，馬が立っていた場所から続けるかします。

○ 命令者が「４歩」といって，他の子も自分もとべなかった時は，命令者は馬になり，馬は１番になり，他の人はジャンケンをして順番を決めます。

🌱 ありんこのあそびメモ

　このあそびは，ある程度実力が伯仲していないと，おもしろくありません。馬は，ただ忍耐の一言，だれかがアウトになるのをじっと待たねばなりません。体重の重い子もいれば，軽いのに背中にズシンとくる子もいます。時には背中をギュッとつまんでいく子もいました。──ただただ耐える。「ウッ」と背中に痛みを感じたが，泣いた者はほとんどいなかったものです。

伝承●グループであそぼう

あらよ！

けがをしないよう
馬になる人は足をふんばり，
頭を下げましょう。

反則—アウト
「どんけつ」…お尻から先に落ちること。

「ションベン」…片足だけ先につくこと（犬のおしっこから）。

19 水雷艦長

　2つのチームに分かれ，それぞれ離れたところに陣をつくり，敵の艦長（かんちょう）を早くつかまえたチームの勝ちというあそびです。

　各チームは，艦長（図のように帽子のつばが前）1名のほか，水雷（すいらい）（つばが横），駆逐艦（くちくかん）（つばが後ろ）の役になります。それぞれ敵に出会った時の勝ち負けは，艦長は駆逐に勝ち，駆逐は水雷に勝ち，水雷は艦長に勝つという三すくみになっています。

　「セントーカイシ」（戦闘開始）といって，艦長は水雷と駆逐を従えながら移動します。途中，敵に出会ったら一方的に，「ゲキチン」（撃沈）といってタッチします。水雷同士なら引き分けになり，両者とも自分の陣に戻ります。水雷と駆逐なら，水雷は駆逐の捕虜（ほりょ）になって敵陣に連れて行かれます。つかまった捕虜は，決められた所で助けのくるのを待ちます。敵のだれにもタッチされずに捕虜にさわれば，つかまっていた捕虜は全員助かります。

🌱 ありんこのあそびメモ

　初めのころは，図のように帽子をかぶって，はっきり役がわかるようにやったものですが，高学年や中学生になるとほとんどかぶらず，タッチしながら敵の役を覚えてやったものです。このあそびほど，いろいろな名前で呼ばれているのも珍しく，ある人は「水雷母艦」，ある人は「駆逐水雷」，たしか私の小学生のころは「スイライカンジャ」と呼んでいました。そういえば，「水雷間者」＝「水雷間諜」で不思議と一致します。この時のあそびには〝スパイ〟というのが別にあって，スパイは本艦（艦長）には勝つが，駆逐と水雷に負け，水雷は本艦以外に勝ち，駆逐はスパイに勝つというあそびでした。中学校は，様々な小学校からあがってきた生徒の集まりでしたので，ルールを決めるのに大変だったことを覚えています。

伝承●グループであそぼう

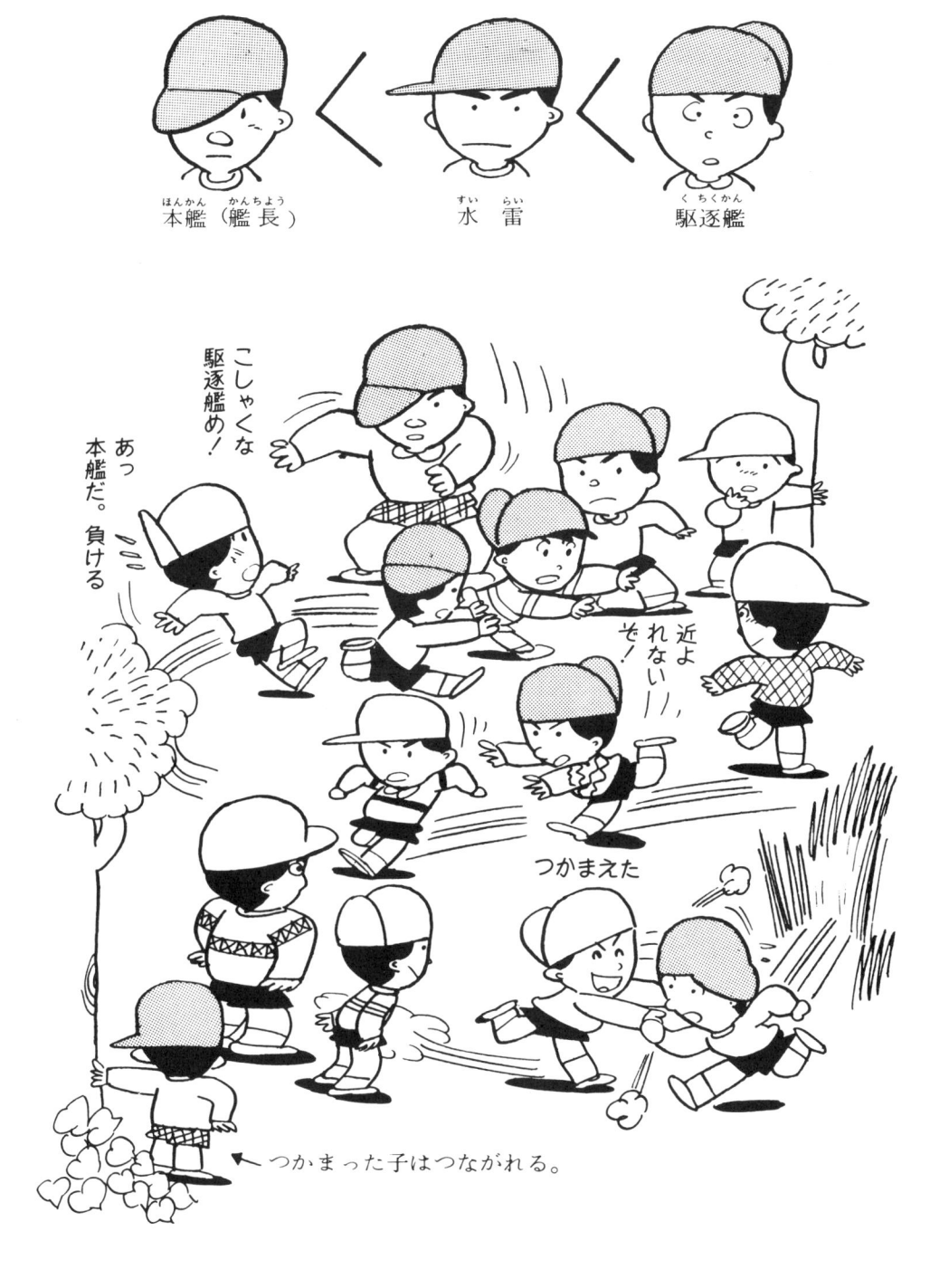

本艦（艦長）　　水雷　　駆逐艦

こしゃくな駆逐艦め！

あっ本艦だ。負ける。

近よれないぞ！

つかまえた

← つかまった子はつながれる。

20　開戦ドン

　ジャンケンで2チームに分かれ，それぞれ自分のチームの陣地を木や建物や電信柱に決めます。両チームとも，自分の陣地の前に立って「かいせーんドン」と唱え，各自陣地から出ていきます。

　途中で敵の人と出会って，ジャンケンをしたいなと思ったら，相手に向かって「ドン」といって手でさわります。両者の気持ちが合うと両手で「ドン」ということになりますが，あの人とはやりたくないと思ったら逃げても構いません。でも相手に「ドン」とさわられたら，必ずジャンケンをしなくてはなりません。

　「ドン」が成立したら，2人の間を1歩ばかりあけて，ジャンケンをします。勝った人は，すぐに相手にさわります。さわられた子は「捕虜(ほりょ)」になって勝った人と一緒に相手の陣地に連れていかれ，すでにつかまっている子と一緒に手をつないで，助けてもらうまで待ちます。

　もしジャンケンで負けても，相手にさわられずに，す早く自分の陣地へ戻ればセーフになります。

　勝った人は，相手が陣地に戻ってしまった時は，必ず1度自分の陣地に帰り，陣地にさわってからまた出かけなくては，相手チームの人とドンをすることができません（これを「陣を持つ」または「陣がある」といいます）。

　こうして次々と相手チームとジャンケンをして，「捕虜」を増やします。

　「捕虜」を助けるには，相手チームに「ドン」をされずに「捕虜」にさわれば，「捕虜」は自分の陣地に帰ることができます。最後には，全員つかまえたチームが勝ちというあそびです。

　このあそびは「捕虜」の数が増えてくると，「捕虜」を助けられないように守りが何人か必要になってきます。また，「捕虜」を助ける時には，「お助け」と必ずいわなければなりません。

伝承●グループであそぼう

2チームに分かれ，木などを陣地にする。

かいせ〜ん
どん

どん！

うまく逃げたから
セーフ

つかまえたぞー

助けてェ〜

その他のルール

○捕虜は必ず手をつなぐこと。
○助ける人が捕虜のいちばん根元から「お助け」といってさわったら全員助かり，途中をさわったらそれより後ろにつないでいる子が助かります。
○陣を持っていない子は，相手とドンをしたり助けることができません。ですから，必ず陣を持っていなければなりません。
○陣を持つ方法は，前にかいたように，自分の手で陣地にさわるか，または自分の味方の人にさわって「陣ちょうだい」といってもらう方法もあります。さわられた味方は，陣をあげてしまったので，自分で陣地をさわって陣を持ちます。

🌱 ありんこのあそびメモ

　ルールは大変複雑ですが，やってみればそれほどむずかしくありません。何度も何度もやると，自然にわかってきます。
　足の遅い子は，ジャンケンと同時に，負けても勝っても，とにかくす早く相手にタッチしたり，同じくらいの足の速さだと足の位置や距離などが2人で取り決められる場合もあります。相手によってそれぞれ工夫し，いかに捕虜を助けることができるかの工夫が，このあそびの人気の秘密だと思います。

記録	年 月 日	対　　象	場　　所	喜　　び

伝承●グループであそぼう

すきを見ていこう！

どん

まてまて

どん

おっとと！

おたすけ

しまった

ここから先の人が助かる

57

21 ぞうきん（温泉とり）

　2チームに分かれ，図のような形をかきます。各チーム2人ずつとして説明します。Aチームの親が①の中に石を入れます。子は順にとんで⑬⑭で待っています。③④と⑥⑦と⑩⑪と⑬⑭は，両足を開いてパーで入ります。子が終わったら，親は子と同じように⑬⑭まで入り（この時⑬⑭は2人入っている），また元に戻ります。その時，②で①の石をとり，①に片足で入って外に出ます。子はそのあと，親に続いて戻り，外に出ます。線を踏んだり，間違えてとんだりするとアウトになります。親がアウトの時は，子が親にとって代わります。石のあるところは入れません。

　①が終わると②に石を入れます。こうして2人がアウトになったらBチームが今度は⑧に石を入れ，⑨に片足で入り，⑩⑪（パー）……⑥⑦までとんで戻ってきて，そして⑨へ石を投げ入れます。

　こうしてAチームなら⑭まで，Bチームなら⑦まで石を入れますが，途中でアウトの時には，石がもと入っていた所に戻します。投げ入れて石が入らなかった時には，ねらった場所に石を置いておくことができます。全部石を入れ終わったら，後ろ向きで石を図の中に投げ入れます。もしどこかに石が入ったら，そこに温泉のしるし♨をかきます。そこは自分の陣地になり，両足で休むことができます。また，ここへは他チームは絶対入ることができません。こうして温泉を多くとったチームの勝ちというあそびです。

🌱 ありんこのあそびメモ

　相手の温泉があったり，最後⑬⑭，⑥⑦のところに相手の石が入っていると，片足で行く回数が多くなり，とてもきついものになります。

　人数が増えると，⑬⑭にはAチーム全員が入るので，先にとぶ人はあとの人のことを考えて入らなければなりません。

伝承●グループであそぼう

Aチーム　　　　　Bチーム
親が①に石を入れて，子が②に片足ケンケンで入り，⑬⑭までいったら親が同じようにいく。

←Bチーム出発点

③④と⑩⑪と⑬⑭は両足を開いて入る。あとは片足ケンケン。

⑬⑭まで子につづいて親がきたら，今きた道をひき返して②で①の石をとって①に入って外に出る。

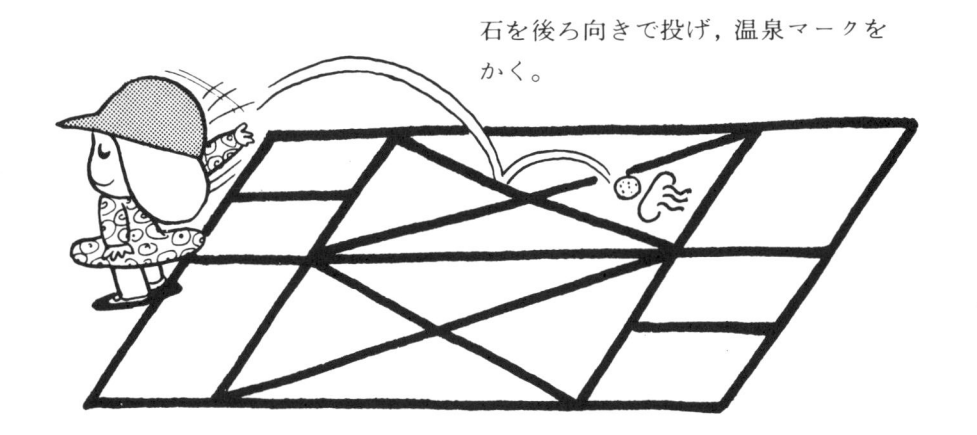

石を後ろ向きで投げ，温泉マークをかく。

22 宝まわし

　2つのチームに分かれ，向かい合って座ります。代表がジャンケンをして勝った方が「宝まわしチーム」負けた方は「みはりチーム」となります。
　まず宝まわしチームの右はしの人が宝物（ご石）を1つ，両手を合わせた手の平に隠し，上から隣の人の合わせた手の平の中に落として渡します（この時渡さなくてもよい）。
　次の人は宝物が手の中にあってもなくても，隣の人に同じように渡していきます。この時，みはりチームに，ご石が次の人に渡ったかどうか見られないようにして，最後の人まで渡し終わったら「1・2の3」で両手をグーにして握り，みはりチームの前に出します。
　みはりチームの代表は，自分たちのチームの意見を聞いて，絶対あの人は持っていないと思う宝まわしチームの人の手（片手）を広げさせます。この時「○○ちゃんの右手をあけて下さい」といいます。○○ちゃんは，いわれた手をあけますが，もしなければ，みはりチームは1点もらえます。
　こうして，宝物を持っていないと思う子の手を次々と広げていき，もし持っている手を当ててしまったら，今まで広げさせてきた手の数が，みはりチームの点数となり，今度はチームを交替しておこない，1回戦の終了になります。こうして3回戦ほどやって，合計の点数が多いチームが勝ちです。

🌱 ありんこのあそびメモ

　宝まわしチームは渡すふりをしたり，本当に手渡しながら，みはりチームの目を惑わせて，なるべく早くあてさせるようにしますから，両チームとも必死です。この方法と全く逆の，持っている人をあてて，何回目であたったか競うゲームが普通ですが，こちらのゲームの方がスリルがあって，おもしろいと思います。

伝承●グループであそぼう

手にはさんだご石をまわす。
渡しても渡さなくてもよい。

宝まわし
チーム

みはり
チーム

まわし終えたら
「1・2の3」
でグーで出す。

みはりチームは相談して
お金をもっていない手を
指名する。
「○○ちゃんの右手」など。

ドカ～ン

開いた手の中に
ご石がなかったら1点，
ご石を持っている手にあた
ったら「ドカーン」といって手
を開く。この絵の場合は，みはり
チームが4点。

23 Sケン

　2チームに分かれ，大きなS字と島を2つ，それに宝の置き場所をかき，石ころなどの宝を置き，各チームとも自分の陣に入ります。そして帽子をかぶったチームを(A)，帽子をかぶっていないチームを(B)とします。

　「ヨーイ・ドン」の合図で，各チーム守備隊（宝を守る人）と攻撃隊（宝をとる人）にすばやく分かれ，攻撃隊はSの陣から外へ出ていきます。陣の外では片足ケンケンで移動（途中の島は両足をついてもよい）し，敵陣に入って早く相手のチームの宝をとった方が勝ちというあそびです。陣の中や島以外で両足をついたり，Sのラインを越えてしまったりしたらアウトになり，戦っている人の邪魔にならないようにどきましょう。S字の中で倒れても，ラインから越えなければセーフです。図の場合は，Aチームの勝ちです。

　もう1つ勝つ方法は，相手チームを全員アウトにした場合です。宝を早くとるか，相手を全滅させるかで勝負が決まります。

　Sケンは，"宝とり"の代表的なあそびですが，"陣とり"とも呼ばれ，陣をとった証拠として宝物を置いたところから，64ページに示したようなさまざまな図形が考え出されました。

　①②③④はSケンの変化で，②と③は外へ出るまで敵陣のまわりを通過しなければなりません。角を少しふくらましてあり，あそびが複雑になり，戦い方も弱い子が「自爆」といって強い相手にとびかかって一緒にアウトにする方法も考えられるようになりました。

　④になると，敵陣に入ってもまだ先の島まで行かないと宝がとれません。

　⑤～⑧は，線や図のわくから出ずに，相手の宝をとったチームの勝ちです。⑧は，③の図をとじた所に宝を置いておこなうものです。

　⑨は幼稚園で簡単にできる"宝とり"です。

伝承●グループであそぼう

たおれたり両足つくとアウト

線から出たら
アウト

こいつ

えいやー

←しま

① 基本の形

みんなであそぼう

24 ポコペン

　このあそびは、"かくれんぼ"の1つです。まずおにを1人決めましょう。決まったかな？　おにの人はここにしゃがんで下さい。他の子は人差し指を出して、こうしておにの背中をつっつきながら「ポコペン、ポコペン、だぁれがつっつきましたかね♪　だぁれ」と唱えましょう。最後のだぁれのれの時につく人を1人、おにに気づかれないように、歌っている間に決めましょう。

　「ポコペン、ポコペン……だぁれ」おにには立ちあがって、れの時についた人をあてます。「○○ちゃん」と、おにが答えます。すると子どもたちは口々に「どこまで」といいます。おには子どもの様子を見て、もしもあたったと思ったら遠くの場所、もしもはずれたと思ったら近くの場所を告げます。「あのすべり台まで」……。

　子どもたちは、はずれていたら「あたりじゃないよ、はずれだよ」といいます。おにはその言葉を聞いて、大急ぎですべり台まで走っていきます。この間に子どもたちはかくれます。もしもおにがあてた時には、子どもたちは「あたりじゃないよ、あたりだよ」といって、あてられた子どもがおにになってすべり台までいき、おにもみんなと一緒にかくれることができます。

🌱 ありんこのあそびメモ

　このあそびは、"かくれんぼ"あそびの傑作中の傑作だと私は思っています。おにと子どもの言葉のやりとり、かけひき、つっつく、あてる、場所選び、さがすなど、ただ1つの単純なあそびではなく、多種多様な楽しい要素が含まれているからです。

　ポコペンとは、中国語で不够本、不夠本（元値に足らないの意）から、禁止、いけない、だめ、話にならない、ペケという意味（小学館『日本語大辞典』より）です。

伝承●みんなであそぼう

ポコペン　ポコペン　だぁれがつっつきましたかね・だぁれ・

うたいながらおにをつっつく。最後の「れ」につく人を決めておき，おにがあてる。

「○○ちゃん」とおには答える。子は「どこまで」と聞き「すべり台」など目標をいう。あたっていたら子は「あたりじゃないよ，あたりだよ」という。はずれた時は「あたりじゃないよ，はずれだよ」あたりなら○○ちゃん，はずれならおにがすべり台まで走る。そしてかくれた子をさがす。

子はかくれる

いそげいそげ

25　カンけりおに

　ジャンケンなどで，おにを１人決めましょう。いちばん勝った人がカンをける人になります。

　ここにカンが置いてあります。他の子は外の大きな円の線の上に立って，逃げる用意をして下さい。カンがけられたら，みんなそれぞれ好きなところにかくれましょう。おにはカンを大急ぎでひろって，小さな丸の中に立てます。さあ，これから，かくれんぼのあそびが始まります。

　おにはカンを置いたまま，みんながかくれていそうなところへいき，子どもを見つけます。見つけた時は「犬(だい)ちゃん，見つけ」といって，大急ぎでカンのあるところまで戻って，足の裏でカンを倒さないように上からふみます。これで初めておにが子を見つけたことになります。

　見つかった子は，カンの近くで待機しています。おにがだれかをさがしにいっている間に，子どもがさっと出てきて，カンをけることもできます。そうすると，おにはもう一度カンをひろいにいかなくてはなりません。すでに見つかった子たちも一緒にまたかくれることができます。こうして全員をおにが見つけ終わったらいちばん初めに見つかった子がおにになり，おにはカンをける人になるというあそびです。

　ルール

　おには，見つけたら必ず名前を呼び，カンを足でふみます。名前を間違えたりカンを倒したら，再度おにになります。もし，同時に２人を見つけたら２人の名前を呼び，２回カンをふまなければなりません。おには大円の外にいなければいけません。なぜなら，カンのそばにずっといると，子がけることもできないので，おもしろくないからです。

　☆カンをける人のために*!!*
○遠くから走ってきて，けり足を大きく後ろへやって思い切りけります。

伝承●みんなであそぼう

いまだ

いそげ いそげ

おにはカンのところで20または50数える。みんなはその間にかくれる。

3mくらい

数えおわったおには見つけにいき，見つけたら名を呼びカンに足でタッチ。
見つけられた子は見つかってもおにより先にカンをけると，またかくれてよい。

かよちゃんみつけた！

あれ！

見つかった子はほかの子がカンをけったら，またかくれる。

○おにのいる場所や，自分の隠れる場所を考えて前にけったり，前にけると見せかけて後ろへけるなどします。

☆隠れる人のために!!

○変身の術，洋服，靴，帽子などを取りかえて，おにを惑わし，名前を間違えさせます。

○逃げ隠れたところと全く別なところへいきます。

○何人かで一斉に出て行き，おにを混乱させます。

○わざと声を出し，注意をこちらに向けておいてパッと移動したり，じっと黙ります。反対側にかくれている子が，徐々にカンに接近します。

○見つかった子や歩行者の後ろについて，歩調を合わせて近づきます。

☆見つかった人のために!!

○かくれている子に「行ったぞー」などと声をかけます（この場合，おにを惑わすため，大ていは嘘をいう）。後ろ手で指サインを送ります。

○仲間でサインを作っておき，「まわったゾー」「近づいたゾー」などで，子どもが出てくるサインにします。

☆おにのために!!

何といっても多勢に無勢，あまり遠くへいくとけられるし，カンの近くにばかりいれば「もっと出ろよー」の声。そこで，パーッと走ってすぐ戻ったり，壁ぎわにくっついたり座ったりして，子から死角になるようにじっと我慢したり，ある程度見つけたら思いきって動きまわるのがいいでしょう。

🌱 ありんこのあそびメモ

路地裏が最高のあそび場だったのです。へいを乗り越えたり，近所の植えこみを踏み荒らしたり，時には人の家の玄関から裏口へ抜けたり，かくれている最中にごはんをきちんと1食分平らげたり，ガラスを割ることも何度かありましたが，このあそびだけはどうしてもやめられなかったものです。

6年前山中湖畔で，この〝カンけり〟をやったことがありました。その時おにになった高校生は，延々2時間近くおににになりっぱなしで，最後にはくやしさに涙もこぼれんばかりでした。今，彼はアメリカに留学中です。

伝承●みんなであそぼう

にげたのと反対から出る。

みんなで出ていき，おにを混乱させる。

見つけられた子はおにの注意をそらして，カンをけりやすくしてやる。

声を出したり，ぼうしを見せたり，木をゆらして，おにの注意をひく。

見つかった子の後ろからついていく。

じっとかくれずに，どんどんカンをけりにいこう。

26 手つなぎおに

"おにごっこあそび"の1つです。おにを1人決めましょう。おにが50数えている間に子は逃げます。おには数え終わったら走って子をつかまえます。

おには，つかまえた子と2人で手をつないで，また他のだれか（3人目）をつかまえます。今度は3人が手をつないで，他の子をつかまえます。これで4人になりました。

4人になったら分裂します。つまり，2人ずつ2組になります。こうして2人1組のおにができました。ある組が3人となり，他の組も3人となったら，合体して3組にすることができます。

こうして，おにをどんどん増やして，子を次から次へとつかまえます。全員つかまったら，次はいちばん初めにつかまった子がおにになって，また"おにごっこ"を始めます。

ルール

おにが，つないでいる手を離して子をつかまえた時には，つかまえたことにはなりません。

🌱 ありんこのあそびメモ

おには，1人〜3人をつかまえるまでが大変です。2組以上になってくると作戦が考えられるので，だんだんおもしろくなってきます。もちろん，子もおにがどこにいるか，絶えず注意を配らなくてはならなかったし，逆に，手をつないだ不自由なおにの，すきをねらって逃げるのは，スリル満点でもありました。

記録	年月日	対象	場所	喜び

伝承●みんなであそぼう

おにはつかまえた子と手をつないでおいかける。

こうしてつかまえた子と手をつなぐ。

4人になったら2人に分かれてよい。

27 うずまきおに

　おには，うずまきの中心に立って，線と線の間を矢印の方向（どちらでも好きな方）に走ります。

　子らは，うずまきの端に立って，おにがどちらの方向から来るか，よく見て逃げます。うずまきの中の"おにごっこ"です。

　おには，同じ道で子どもの背中にタッチするか，向かい合った時にタッチするかのいずれかで，隣の道にいる子をつかまえることはできません。

　逃げる時に，間違えて線を越えて違う道に入った時は，アウトになります。

　つかまったり，アウトになった人はおにになり，その地点で20数えます。その間に他の子はうまく逃げる体勢をつくります。

　このあそびは，おにがどっちから来るか，頭と目で確かめないと，自信をもっておにに近づいてしまうことがあって，とても愉快です。

♡ ありんこのあそびメモ

　このあそびを知ったのは8年前で，私たちが巡回子ども会をしながら，あそびの取材をしている時に，宮城県の利府(りふ)のボランティアのリーダーたちが教えてくれたものです。

　彼らは，土の校庭にバケツで水をくんできて線をひきました。大きい大きいうずまきの中を高校生，大学生たちにまじって私も走ります。疲れました。

　子ども会で何度かおこなって，いざ幼稚園でやったら，線と線の間というのがなかなかわからず，線にどうしても反応してしまったので，お散歩大会をこのうずまきを使ってやりました。そのうち，おもしろくなって，1周2周……などといって回るようになりました。片足とびで帰ってきたり，だんだんうずまきも変化していったのです。

伝承●みんなであそぼう

こらまて

← おに

← 線から出たらアウト

逃げなければ……

うずの形をかえてもおもしろいよ！

28 T字おに

　ジャンケンで勝った人から順に並び，最初の2人がTの字をかいてある円の上にそれぞれ立って下さい。ここが道です（といって見本を見せる）。

　さあ，この道を走って相手を追いかけて，相手の背中にさわった人の勝ちというあそびです。2人の"おにごっこ"ですね。どちらもおにだし，どちらも逃げる子になり，追いかけたり逃げたり，とっても愉快ですよ。

　途中で向かい合った時は，どちらが曲がり角からたくさんの距離をきたかで勝負が決まります。ちょうど真中だったら，もう1度，始めに立ったところからやりましょう。

　慣れてくると，走りながら相手の方が速そうだなと思ったら，逆に戻って逃げましょう。負けた人は外に出ていちばん後ろに並び，次の人と交替します。勝った人は何回でも続けて遊ぶことができます。

　また2チームに分かれて，どっちのチームが多く勝ったか競い合うあそびにしてもいいですね。

ありんこのあそびメモ

　ちょっとした昼休みの時間によくやったあそびです。気の合った仲間2人だけでやったり，いくつも丸をかいて，自分の好きなグループに参加したりしました。このあそびのおもしろさは，今追いかけていた者が，逆に追いかけられるというスリルがあったからだと思います。

記録	年月日	対象	場所	喜び

伝承●みんなであそぼう

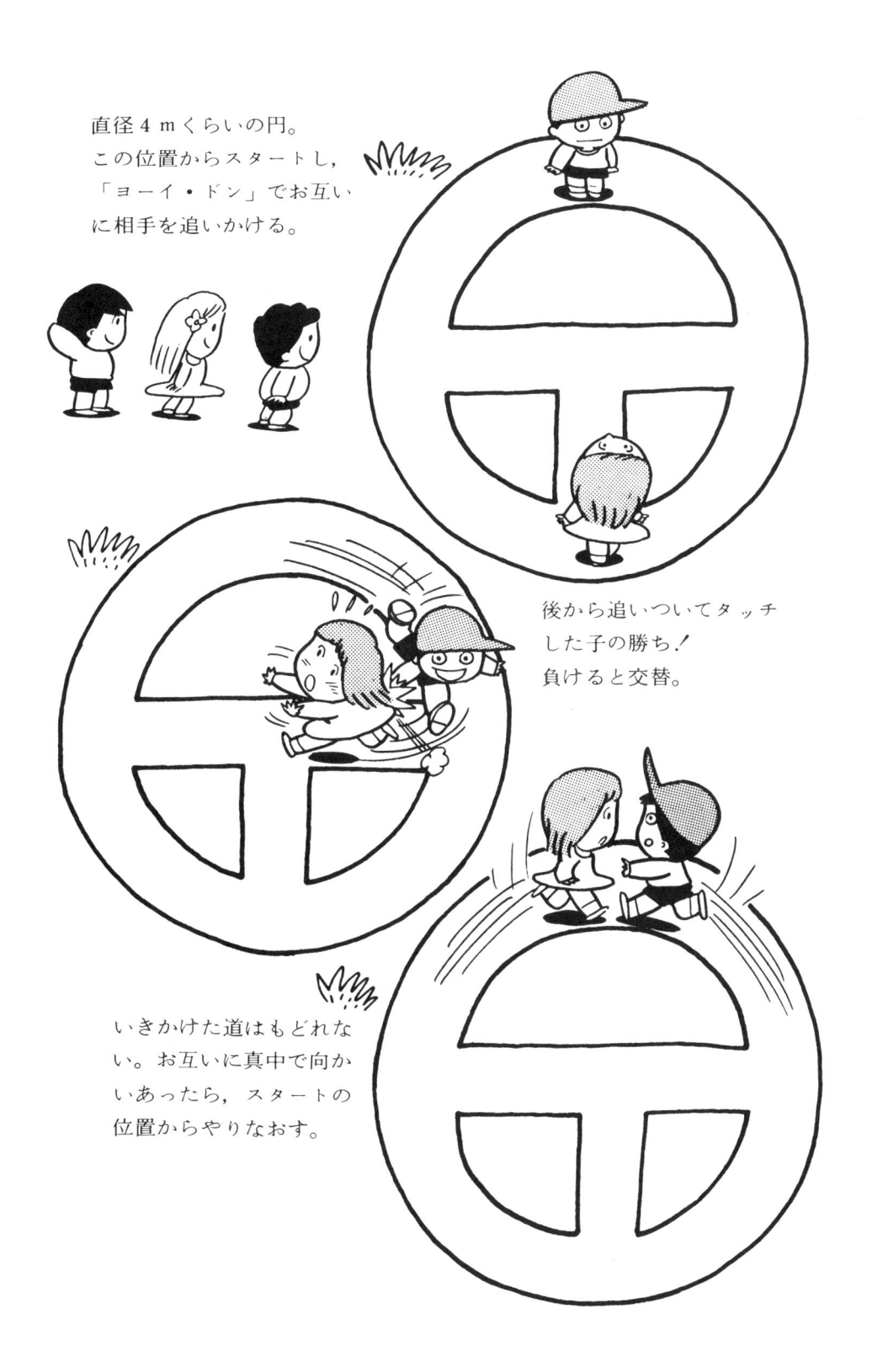

直径4mくらいの円。この位置からスタートし,「ヨーイ・ドン」でお互いに相手を追いかける。

後から追いついてタッチした子の勝ち！負けると交替。

いきかけた道はもどれない。お互いに真中で向かいあったら,スタートの位置からやりなおす。

77

29 ねこ と ねずみ

　ジャンケンで,いちばん勝った子をねずみ,2番に勝った子をねこにして他の子は手をつないで輪をつくります。ねずみは輪の中に入り,ねこは輪の外に出ます。これで用意ができました。

　ねずみが「チュウ,チュウ,アカンベエ」といったらあそびの始まりで,ねこがねずみを追いかけてつかまえる"おにごっこ"あそびです。

　弱いねずみが,ねこにつかまらないように,輪になった子どもはいろいろ工夫して助けてあげます。ねずみが輪の中に入ったり出たりする時は,つないだ手を上げて走りやすくしてあげます。反対に,ねこには,すき間をなくして通せんぼをします。

　ねこがねずみにタッチしたら,ねこはねずみとなり,ねずみはねこになって20数えて,あそびがくり返されます。

　ねずみは,疲れたりつかまりそうになったら,輪の中のだれかの肩を「タッチ」といってさわり,ねずみの権利をゆずります。新しいねずみの誕生です。おには,この新しいねずみを追いかけてあそびます。

🌱 ありんこのあそびメモ

　このあそびも,大変よくやりました。輪になった子は,ねこに向かって,「ここが空いているよ」などといって,わざと手を上げてねこをさそい,近づいたら急に閉じて「残念でした」といったりしたものです。

　ねずみがあまり長く逃げまわっているとおもしろくないので,「そろそろタッチしろよー」「タッチしてー」などという声があちこちに出始め,こんな時にまた新しいルールが次々と生まれてくるのでした。

伝承●みんなであそぼう

ねことねずみを決め,「チュウ,チュウ,アカンベェ」の合図で,ねずみは逃げる。ねこは追う。

こっちだよ

チューチュー

輪になった子はねずみがつかまらないように助ける。

だあ〜め!

園では,おめんをつけてやってみましょう。

30 ハンカチ落とし

　ジャンケンでいちばん負けた人がおにになります。他の人はまるくなって座りましょう。

　おにはハンカチを持って円の外を走りながら，頃あいを見てだれかの後ろに気づかれないように落として円を一周します。この時，ハンカチを落とされたと思った子は，後ろをふり向かずに手を伸ばしてさぐり，もしハンカチが手にふれたなら，大急ぎでそのハンカチをとって，おにを追いかけます。

　おには，気づかれてしまったらすばやく追いかけてきた子どもの空席にとびこんで座ります。もし一周して，この空席に入る前にハンカチを持って追いかけてくる子にタッチされた時は，アウトになって，円の中に入ります（これを便所といいます）。次は，ハンカチを持った子がおにになります。

　おにが，ハンカチを落としたのに気づかれないで一周した時は，その子の背中を「ドン」といってさわります。おににさわられた子はアウトになり，「便所」となります。おにはもう一度おにになって，あそびを続けます。便所の子は，新しい便所の子ができたら，再びあそびの仲間に戻れます。

　おには，座っている子の手の届く範囲にハンカチを落とし，中間のわかりにくい所は避けます。まわりの子は，おにがハンカチを落としたのを気づいても，落とされた子に教えないようにしましょう。

🐜 ありんこのあそびメモ

　"おにごっこ"の1種ですが，ハンカチを媒体にして，おにと子が逆転するスリルは何ともいえません。おには，いかに気づかれずに「ドン」をするか，子はす早く感じておにを追いかける――この駆引き。子は，後ろを見たいが見れません。自分の所へ落としてほしいなあ，便所になりたくないなあ……など，複雑な気持ちがゆれ動き，とにかく楽しいあそびです。

伝承●みんなであそぼう

だれに落とそうかな

あ!

31 十字架おに

　おにを1人決めます。おにには、十字架の道を自由に動けます。
　子どもは全員、まず①に入ります。そしておににさわられないように、四角の島①から④または②に進みます。どちらに進むかは、まず先頭の人がどっちにいったかで決まります。先頭の人が②にいったら、他の子は②③④①の順に進まなければなりません。反対に④へいったら、④③②①と進みます。渡る時および島の中にいる時、おににさわられたらアウトになり、おにを交替します。

○ おもしろいルール

　子どものだっせん……どうしても子が次の四角の島に渡れそうにない時には、ワクからとび出て外へ足を出して次の島にいくこと。この時、おにが「だっせん」といえば、子はアウトになります。おにがいう前に渡ればセーフです
　おにのだっせん……おにがどうしてもタッチできそうもない時に、とびこんで子にさわること。この時、いち早く子が「だっせん」といえば、子は次の島に渡ることができます。
　こうして、次々と島を渡って①に1人でも戻ってきたら、前にアウトになった子どもは、全員①に入ってもう1度できます。

🌱 ありんこのあそびメモ

　私の家の近くでは、子どもたちはこのあそびを〝十字架おに〟とか〝ろくむし〟といっていますが、1周まわってきた時は「1むし」といって、だれかが6回まわってくると、今までアウトになった子はもう1度最初からできます。アウトになった者への救いが、ここにありました。このあそびは、どちらの方向へ行ってもかまいませんが、戻ることはできません。片足何歩までは外に出てもよい……とか、さまざまなルールを作ってあそんでいます。

伝承●みんなであそぼう

おには十字架のところを自由にいける。
子は①→②→③→④→①または①→④→③→②→①と，おににさわられないようにいく。
しかし，先頭の子が①→②にいったら④へはいけない。

「だっせん」

32 くつかくし

　おにを1人決めます。おには，塀や木のところで後ろ向きになって両手で目かくしをして100数えます。その間に子どもたちは，自分のくつを片方だけ，どこかにかくしましょう。

　おには100数え終わったら，さがしにいきます。次々にさがし，最後の2人だけくらいになったら，子どもたちはくつのありかを，おにに知らせます。

　「火がついた，火がついた」とか「火がボウボウ，火がボウボウ」とか，拍手の大きさで近づいたか遠ざかったかを知らせ，それをたよりに，おには全員のくつをさがし出します。

　いちばん始めに見つかった子が，次のおにとなり，あそびを続けます。

　別に，"かくれんぼ"と同じように，かくしたくつを，おにに見られぬように出して，おにに「タッチ」といって，くつをくっつけると，またおには始めからやりなおしという方法でも，やってみましょう。

🌷 ありんこのあそびメモ

　地方へ行くと，くつかくしをする時のおに決めの歌がさまざまあり，また文献にもよく出ていますが，私自身は全くうたった記憶がなく，ただ普通の"かくれんぼ"と同じように，ジャンケンでおにを決めてやりました。ただ，おにが見つける途中で「火がついた，火がついた」「火が消えた，火が消えた」などと，はやしながらよくやったものです。近くの玄関の表札の裏側，ドブの中，茂みの中にほうりこむ，時には屋根の上に投げ上げたり，木に引っかかってしまったりして，近所の人によく叱られたものでした。

　このあそびをしたころは，下駄と，配給になったオールゴムのくつの半々でした。今のように，いろいろな絵のついたくつなどではなかったので，あてるのも，とてもむずかしかったのです。

伝承●みんなであそぼう

子はくつを片方かくし，おにが見つける。
子は片足でついてまわったり，おにがくつのそばにくると「火がボウボウ，火がボウボウ」という。

火がボウボウ
火がボウボウ

どこだろう

子は木の上や石の上で
足を休めてよい。

かくしたくつ

33 くさり

　おにを1人決めます。他の人はまるく輪になって手をつなぎましょう。おには目をつぶって100数えます。その間に，みんなは手をつないだまま，他の人のところをくぐったり，またいだりします。

　おには，数え終わったら，「○○君，ここをくぐって」とか，「○○ちゃん，ここをとび越えて」とかいいながら，ほどいていきます。うまく全部ほどいて元通りになったら，おには交替します。どうしてもうまくいかなかったら「降参」といって，またもう1度おにをやらなくてはなりません。

　では次は，このあそびを2チームに分かれてやってみましょう。各チームからおにを1人ずつ出して，おには相手チームに出かけて行き，早くほどいた方のチームの勝ちというあそびです。おにも，輪になる子も，みんながんばらなくてはなりません。

🌱 ありんこのあそびメモ

　ふつうは，おに1人と輪が1つでやるものですが，輪になる子のムードがもう1歩盛り上がらないので，2チームでやってみたところ，大変活気が出てきました。お互いに相手のチームのことが気になり，おにに向かって「オーイ，こっちはもうすぐほどけちゃうから，急げー」などと，声をはり上げたり，とてもにぎやかになりました。

記録	年月日	対象	場所	喜び

伝承●みんなであそぼう

おにを決め、輪になる。

おにが目をつぶっている間に、くぐったり、とび越えたりする。

それをおにが指示してほどいていく。

そこをくぐって

あっちにいって

34 針と糸（くぐりあそび）

　ジャンケンで，いちばん勝った人から順に手をつなぎましょう。さあ，みんなつないだかな？　先頭の子どもが針で，後ろにつながっているのが糸ですよ。この針と糸が，順に，いちばん後ろの子とその隣の子の手の間をくぐっていきます。手は絶対に離さないでね，さあ出発でーす。1つ目は抜けましたか？　さあまた2つ目……。「目がまわるよー」ですって！

　こうして次々と縫っていきます。最後まで縫い終わると，全員の手が交差していますね。そうしたら1・2の3で手をあげて，手は離さずにクルリとまわると……「あれっ，元通りになったよ」みんなから驚きの声があがります。

　「もう1度やろうよ」今度は，2番目の子が針になり，先頭の子はいちばん後ろについて再びやります。こうして全員終わる時には，もう頭がフーラフラ……。

🌷 ありんこのあそびメモ

　このあそびだけでも，もちろんおもしろいのですが，"ジャンケン汽車ポッポ"をやってからだと，大変燃えました。

　また，両はしの子がそれぞれ針になって，真中のA君の両手のトンネルをまず初めにくぐり，順に縫って，早く元通りにするあそびもやってみましょう。今度は競争ですから，もっと燃えますよ。

記録	年月日	対象	場所	喜び

伝承●みんなであそぼう

まわってくる。

この間をくぐっていく。

1つ縫い終わったところ

2つ縫い終わったところ

こうしてくぐっていって1人ずつの手を交差させていき、最後に、「1・2の3」で交差の手を元にもどす。この時も、つないだ手は離さない。

35　人工衛星まわせ

　全員手をつないで輪になり、「人工衛星, 人工衛星, まわせ」と唱えながら, 時計と反対方向にまわって, 最後のせで全員とまります。止まったら自分の左右にいる人を引っぱって, 軸足を動かすか, 倒します。倒れてアウトになった人が1人か2人出たら, 再び手をつないで「人工衛星……」をおこないます。もちろん, アウトになった人は抜けて見ています。

　こうして最後の2人になったら"手合わせずもう"をしてチャンピオンを決め, また始めからおこないます。

　軸足とは……歌が終わり止まった時, 両足をぴたっと動かさずにいて, 他の人から引っぱられて片足が動いてしまった時, 残った足が初めて軸足となります。軸足でない方の片足で自由に動けますが, 軸足が動いたらアウトになります。

　手合わせずもう

　2人は50cmほど離れて向かい合い, 手と手を出したり引っこめたりしながら, 先に相手を動かした方が勝ちです（足は固定, 足が動いたら負け。または, 相手の手でないところに触れたりしたら負けです）。

🌷 ありんこのあそびメモ

　今の子たちは「人工衛星」ですが, 私たちは「まわれ, まわれ, 1・2の3」などと, 冬の寒い時期によくやったものです。力の強い子の隣になると, 3人くらいがゴボウ抜きのように引っくり返されたりしました。

　このあそびは, 軸足をすぐ決めてしまうとねらいうちされるので, できるだけがまんして, どうしてもこらえられない時に片足を踏み出して, 軸足をうまく使って引っぱります。この辺のかけひきが大変おもしろく, 汗をだらだら流しながら, 何度もやりました。

伝承●みんなであそぼう

手を引き合い，たおれたり軸足が動いたら，アウト。

最後に2人残ったら手合わせずもうをする。

36 人工衛星とばそ

　全員手をつないで輪になり，時計と反対方向に「人工衛星，人工衛星，とばそ」と唱えながらまわって，「とばそ」の時に手を離して散り散りになり，そで全員止まります。止まったら全員でジャンケンをして，グーで勝ったら1歩，チョキで勝ったら2歩，パーで勝ったら3歩とぶことができます。この時，負けた人と自分の距離を見て，近づいた方がよいか，遠くに離れた方がよいか，考えます。もし近くにいて，自分がとべる距離なら，決められた歩数で近づいてとびます。

　とび終わったら軸足を動かさずにもう片方の足で地面をひきずって，相手の片足を1度だけ引っかけて相手を動かします。相手は動かされないようにぐっと足に力をいれます。ここで引っくり返ったり手をついたりしたらアウトになり，抜けて見ています。こうして各自終わったら，またジャンケンをし，あそびを続けます。最後の1人になった人が勝ちというあそびです。

　その他のルール

　グー・チョキ・パーの決められた歩数をとぶのでなく，グーなら1度引っかけ，チョキなら1歩とんで1度引っかけ，また2度引っかけ，パーなら1歩とんで2度引っかけ，または2歩とんで1度引っかけ，または3度引っかけ，などとおこないます。

🌱 ありんこのあそびメモ

　始めの「とばそ」は短めにいったり長くいったりして，集まった仲間の雰囲気で決めます。ジャンケンに勝たないと，動く権利と相手の足を引っかける権利がないので，強い子が残るとは限りません。弱い人には弱い人なりの知恵と協力が必要になっています。子どものあそびの中に，われわれが生きていくのにとても大切なポイントがかくされていますね。

伝承●みんなであそぼう

「人工衛星，人工衛星，とばそ」と歌いながらまわり，3回目の「とばそ」でちりぢりになる。

パーだから3歩だぞ

ジャンケンをする。
グーは1歩，チョキは2歩，パーは3歩とべる。

しゃてい距離ね

勝った子が他の子の足をさらって，引っくり返す。

アウトになった子は抜けてまたはじめから。

37　ジャンケン天下とり

　ジャンケンをしていちばん勝った人が王様になり，順に横に並んで，いちばん負けた人がこじきになります。こじきは，1列に並んでいるいちばんはしの子どもとジャンケンをします。勝った人が上へ挑戦でき，次々と進んでいきます。

　王様のところまできたら，うやうやしくおじぎを10回します。もしも忘れたら「下がりおれー」と王様はいい，ジャンケンをしてもらうことができず，こじきになって，いちばんはしの子のところまで，すごすごと帰り，またビリからやりなおします。

　10回きちんとおじぎをしたら，王様とジャンケンができます。子がジャンケンで勝ったら王様になり，王様は負けたら，あっという間に，こじきに転落してしまいます。王様になっても油断大敵，すぐこじきになる可能性があるからです。こうしてあそびを続けますが，王様が連続で5人の子を負かした時は，家来をつくることができます。家来の選び方は，王様を先頭にしてたて1列に並び，前から何番目といいます。その場所にいた人が家来になり，王様の隣に並びます。進んでいく順番は全く同じですが，家来のところへ来た子は3回おじぎをします。家来が勝てば，王様はジャンケンをしないで，ふんぞり返っていられます。家来が負け，王様も負けたら，王様はこじきに，家来はいちばんはしの人になって，あそびは続けられます。

🌱 ありんこのあそびメモ

　人数が多いときは，ジャンケンをする人を2，3人にすると待つ時間も短くて大変にぎやかになります。冬の陽だまりで，押しくらまんじゅうなどをやったあと，よくこのあそびをしました。ジャンケンの方法も「ハワイ・グッスイ・チッキ」などで，進んでやったものです。

伝承●みんなであそぼう

こじきは子4から順にジャンケンをし，勝ったら次の子とする。

王様にはおじぎを10回するのだ。

ジャンケンで負けた王様はこじきへ。勝った子が新しい王様になる。

38　手ぬぐいとり

　ジャンケンでいちばん勝った人が王様になり，他の人は順に横に並びます。いちばん負けた人がドロボウ（とる人）になって，手ぬぐいを持ちます。子の1は両手の平を合わせます。ドロボウは，子の1の人差し指と親指の間に手ぬぐいの中央をのせ，両端をたらして用意のできあがり。

　子の1は，ドロボウの目の前に手ぬぐいをかけた手を差し出します。ドロボウは，左右の手を上下に振りながら，スキを見て右か左の手で1度だけす早く手ぬぐいを抜きとります。うまく抜きとれたら，ドロボウは子の2のところへ行き，同じようにおこないます。子は，ドロボウに抜きとられないように，ドロボウが抜く時に親指でガッチリと押さえます。うまく押さえて抜きとられなかったら，子はドロボウになって次へ進み，ドロボウは子になります。こうして順次進んでいき，王様になるというあそびです。王様がもし負けたらドロボウになり，子の1からまた始めます。

　ドロボウは，ちょっとでも手ぬぐいに触れたら1回やったことになります。触れなければ，何回でもできます。

🌱 ありんこのあそびメモ

　ただ単純に手ぬぐいをとるだけのあそびですが，大変技術を要します。ドロボウは，ある時は両手をす早く，そしてある時はリズムを狂わせ，ある時は声をかけたり相手の油断につけこみ，子は，ドロボウのそのトリックに惑わされずに順に勝ち上がっていくわけです。王様のところで，逆に王様がドロボウの手ぬぐいを抜きとるという方法や，対戦する同士がジャンケンをして，勝った人がどちらをやるか決めるなど，いろいろな方法でおこなったものです。

伝承●みんなであそぼう

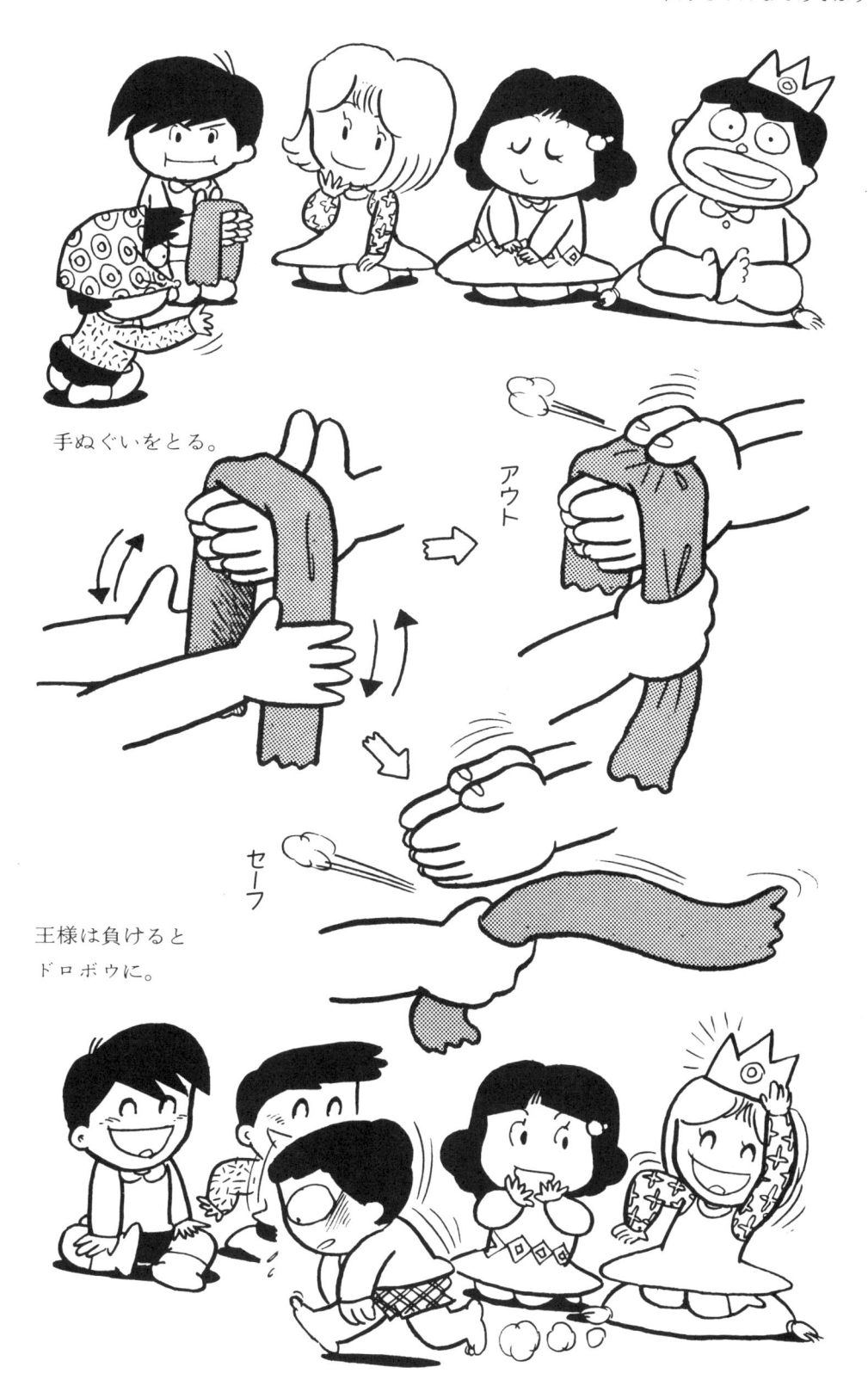

手ぬぐいをとる。

アウト

セーフ

王様は負けると
ドロボウに。

39 グリコ

　さあみんな，階段の下に集まって下さい。これからみんなでジャンケンをします。
　グーの人が勝ったら，「グリコ」と唱えて3段上に進みます。
　パーが勝ったら，「パイナップル」といって6段。
　チョキだったら，「チョコレート」と，6段進みます。
　こうして，みんなと次々にジャンケンをして，早く元の位置に戻ってきたら勝ちです。
　人数が多くなったら，2人で1組になって，ジャンケンをする人ととんでいく人に分けてやりましょう。階段でない時は，出発する地点に線を引いて進む方向に目標の木とか線を決めておき，同じようにやりましょう。
　チョキは，「チョコレート」と，5段にするなど，歩数はみんなで決めましょう。

🌱 ありんこのあそびメモ

　「グリコ」「チョコレート」「パイナップル」——いつの時代でも，子どもはあそびの天才だといわれています。四方八方に，子どもはいつも電波を張っています。世の中の政治，経済，流行に大変敏感で，そこから生まれたあそびは，いつとはなく自然に大きな伝播力となり，だれがつくりだしたかわからないうちに根を下ろし，変化していきます。
　このあそびは，今でもこれにまさる言葉が見つかっていないようで，私たちがした時と同じように，「グリコ」……とやっているのは大変親近感を覚えます。駅の階段などで，親子でやっている姿も，時々見かけます。

伝承●みんなであそぼう

グリコ
グリコ

ジャンケンをして早く階段の上までいって下まで
おりてきた人の勝ち。

「グリコ」3歩　　「チョコレート」6歩　　「パイナップル」6歩

40 だるまさんが ころんだ

　おには，木のところで後ろ向きに立ちます。「はじめの1歩」といってみんなは1歩だけ，線からとびます。おには，みんながきちんと1歩とんだかよく見てから後ろ向きになります。「だるまさんがころんだ」と，おにが10数えている間に，子はおにに近づきます。数え終わったおには，す早くふり返って，まだ動いている子を見つけ，「○○くん」といいます。見つかった子は，おにと手をつなぎます。こうして，おには子を次々と見つけ，みんなはおにが後ろを向いて数えている間にどんどん，おにに近づきます。そして1人が，おににつかまれている手を「切ったー」といって切り離します。

　この言葉を合図に，みんなは一斉に線に向かって逃げます。おにはすぐに振り向き「止まれー，1234……10」と叫びます。最後の10で，みんなは止まります。おには立っている所から3歩とんで手をのばし，だれかにさわります。さわられた子同士はジャンケンをして，負けた子がおにになってあそびが続けられます。

ルール
○逃げる子が線の中に入ったら，おにはつかまえることができません。
○おにがとぶ歩数は最初に決めておくか，みんなが止まった地点を考えて，みんなが○歩と決める方法もあります。

ありんこのあそびメモ

　子は，おにの見ていぬ間に，おにの領分にまで立ち入り，おには，そうはさせまいと言葉巧みにさそいながら，子を次々とつかまえる。「さあ，どうだ」といわんばかりです。残された子は，仲間を救おうとして必死におにに近づき，おにと子の縁を切る。そして地獄の道から地上へと，一目散に逃げ帰る。

　このあそびに神事を感じ，演ずる子ひとりひとりにその心を見る思いです。

伝承●みんなであそぼう

おにが「だるまさんがころんだ」といっている間に近づく。おにがふり返った時動いたら，おににつながれる。

だるまさんがころんだ

きった

とまれ！

おには3歩でとどく子にタッチする。

41 押しくらまんじゅう

　壁や塀にそって，全員が横1列に並び，両側から中へ向かって肩で思い切り押します。この時うたう歌は，「押しくらまんじゅう，押されて泣くな」
　全員が肩をはってぶつけ，押し合います。両方から押されて列からはみ出てしまった子は，どちらかの端について，また押し合います。
　「押し・くら・まん・じゅう，押さ・れて・泣く・な」と，押・止のリズムをつけて隣の子の肩と壁の間に自分の肩をこじ入れながら押すと，どんどん中に入ることができます。腕組みをしてやってもいいですね。
　また，全員背中合わせに丸くかたまって腕を組んで，円の外へ出す方法もあります。もう一つは，何人かがアンコとなり，他の子は中のアンをつぶそうとして，「押しくらまんじゅう，押されて泣くな。あんまり押すと，アンコが出るぞ」とうたいます。

🌱 ありんこのあそびメモ

　52年のお正月に，たまたまあそびに来た中学生たちが，路上で"押しくらまんじゅう"を始めました。よく見ると，何とアンコを2人入れて，まわりの皮たちが足で中のアンをけっているのです。中のアンは必死になってよけ，皮の輪から脱出するというあそびでした。
　足の間から出ようとしたA君は頭をしたたかけとばされ，みんなに，「バーカ，上から出なきゃ，出られるわけはないよ」といわれています。このあそびは"あばれ馬"に匹敵するほど，勇ましいものですが，彼らは小1時間，汗がしたたり落ちるほどやっていました。

伝承●みんなであそぼう

42　5度ぶつけ

　まず、ボールを遠くへ投げますから、それをひろいにいきましょう。ひろった人が、そのボールを持って3歩まで動けます。そして近くの人に投げてあてます。あてられた人は「1回」と、しっかり覚えておきます。ボールをひろっては相手にぶつけますが、もし相手にうまくとられたら、あたったことにはなりません。また、ワンバウンドでもだめです。体のどこか一部でもあたって、うまく受けとめられなかったら、あたったことになります。

　こうして次々と相手をあてて「5回」あたった人（おに）が出たら、全員でおににボールをあてることができます。おには壁や塀の前に背をみんなに向けて立ち、後ろ向きのままボールを背後に投げます。おにの後ろで配置についた他の子は、そのボールを空中で受けた時はどんな地点からでも、おににあてることができるあそびです。

ルール
○おにが投げたボールがバウンドしたら、その地点から他の子は投げます。
○おにが投げたボールをとろうとして他の子が落としたら、あらかじめ決められた線からあてます。
○おにをあてるボールが、もし、頭、手、足のいずれかにあたってしまった時は、あてた人はおにと交替して、自分がおにの代わりをします。

🌱 ありんこのあそびメモ

　冬の寒い時期に、なぜかこのあそびをよくやりました。5回あてられた時は、何と、絞首刑とかハリツケというおそろしい名でぶつけられたものでした。耳にあてられ、泣くに泣けない痛さも味わいました。背を向けているので、いつボールがとんでくるかわからず、恐怖で、絶えず体に力をいれていたものですが、こりずに、本当によくやったものです。

伝承●みんなであそぼう

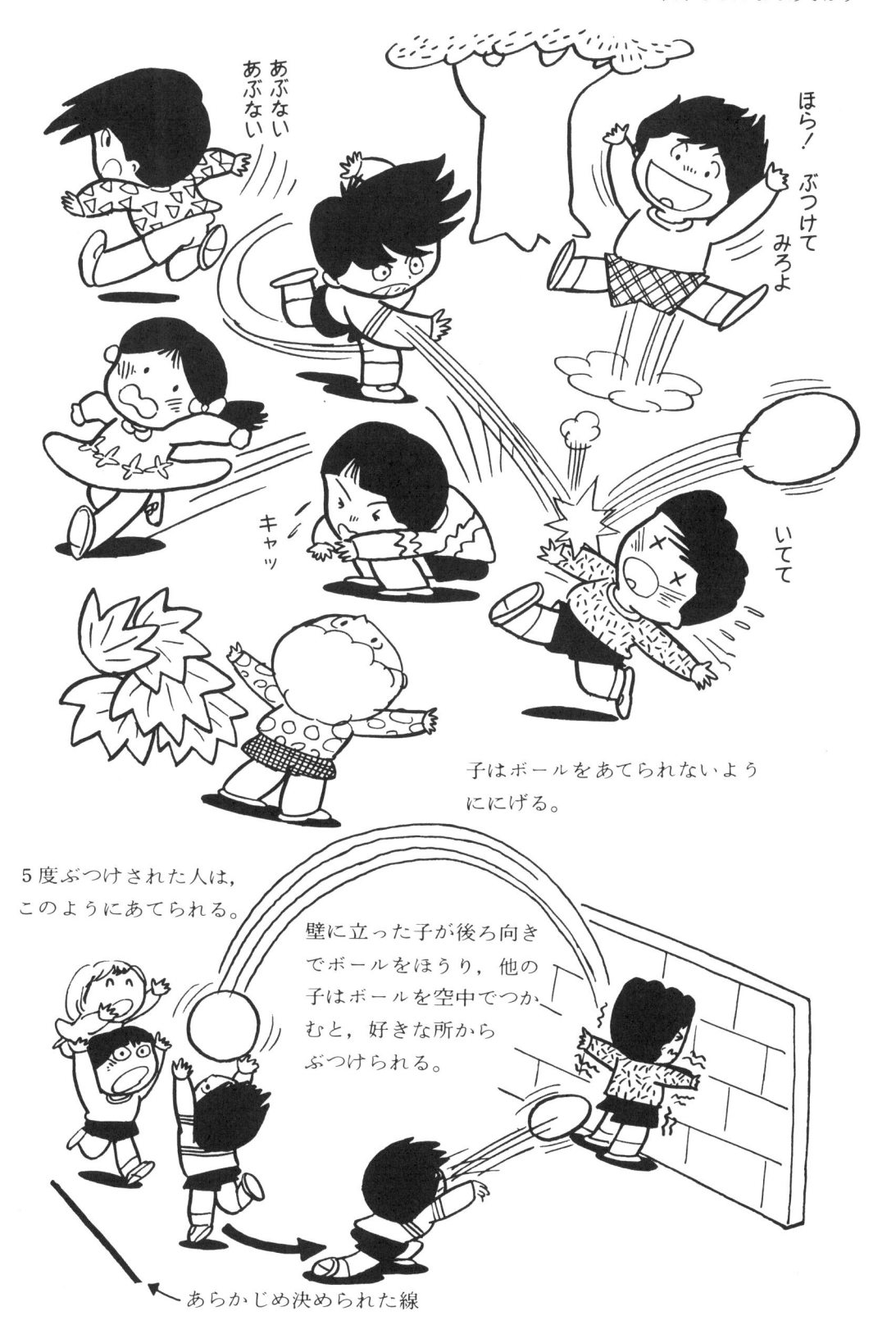

あぶない
あぶない

ほら！ぶつけてみろよ

キャッ

いてて

子はボールをあてられないようにげる。

5度ぶつけされた人は，このようにあてられる。

壁に立った子が後ろ向きでボールをほうり，他の子はボールを空中でつかむと，好きな所からぶつけられる。

← あらかじめ決められた線

「伝承あそびを工夫する」 ―現場から―②

① ジャンケン宝とり

「かいせんドン」のあそびは，「どろぼうとけいさつ」あそびとならんで，大変人気のあるあそびですが，幼稚園ではルールが複雑で，少しむずかしいのでこんな工夫をしてみました。

☆用意するもの　2チームに分かれ，各チーム30個の紅白玉（箱の中に入れておく）

「これがみんなの宝物です。1つ持って出かけ，相手のチームの人に，タッチをして，ジャンケンをします。勝ったら，相手の宝物をもらって，自分たちの箱の中に入れて，また出かけます。負けたら，自分たちの箱からまた1つ持ってでかけます。さあ，どっちの方が，たくさん宝物が増えそうかな。」先生は頃合いを見て，「戻っておいでー」と声をかけ，玉入れの数を数えるように，みんなで数えます。この遊びは，ジャンケンで負けても，身替わりの玉が相手に行き，自分は何度も，遊びに参加できます。

㋑慣れてきたら，もらった宝物を箱に戻さずに行なったり，㋺「2個で勝負」と言って2個出し合ってジャンケンしたり，㋩負けてもすばやく自分の陣地までつかまらずに逃げたら，宝物はとられないなど，年齢や子どもの様子を見ながら行なうと，どんどん楽しくなります。

② ジャンケンすごろく

園庭に大きな円をいくつかかいて線でつなぎ，スタートとゴール（あがり）をつくります。全員スタートの円に入り，「誰とでもいいですから，ジャンケンをしてください。勝ったら1つ進みます。負けた人は，また他の人とジャンケンをします。次まで進んだら，またそこでジャンケン。ゴールまできたら，おんぶしてあげますよ」。先生大変，子ども大喜びのあそびです。

㋑親子や年長が年少をおんぶしたり，㋺「負けたら1つ戻る」という方法など，いくらでも展開できます。まず先生たちが工夫すると子どもたちもそれにつられて，あそびをどんどんふくらませます。

うたってあそぼう

43　あんたがた どこさ

　大きな円をかいて，5本の線で10区画に分け，最初は1つおきに5人がその中に入り，歌に合わせて両足でとび，左まわりに進み，さのところだけ後ろへ1つ下がるあそびです。途中，線をふんだり，リズムを間違えたりした人は抜けて見ています。最後まで残るのは，だれかな。

　あんたがたどこさ　肥後(ひご)さ
　肥後どこさ　熊本さ
　熊本どこさ　せんばさ
　せんば山にはたぬきがおってさ
　それを猟師(りょうし)が鉄砲で撃ってさ
　にてさ　焼いてさ　食ってさ
　それを木の葉で　ちょいとかぶせ

　まず5人入りましたか。あんたで1つ進みます。がたでまた1つ進みます。どこでまたまた1つ進みます。さの時は後ろへ1つ下がります。いいですか。

　上手にできるようになったら10人入って，同じようにやってみましょう。1人も間違わずに全部できると，とっても気持ちよく，思わず『バンザーイ』と叫びたくなります。

🌱 ありんこのあそびメモ

　全国的に知られた「まりつき歌」ですが，この歌のリズムとさで終わる言葉の妙味が，いろんなあそびを生み出しました。さをうたわない"字ぬきソング"や，私の考えたもので全員がまりになって両足でリズムに合わせてピョンピョンとび，さの時に座り，最後のせで好きなかっこうをするというのはとても人気がありました。とてもきつかったのですが，お母さんたちの会でやったら残ったのは4分の1ほどでした。1人が新聞棒を持ち，1人がまりという組み合わせでやるのも，なかなかスリルがあって楽しいゲームでした。

伝承●うたってあそぼう

円をたくさんの線で区切る。

あんた
↓
がた
↓
どこ
↓
さ

足の順番どおりに
「あんたがたどこさ」を
うたってまわる。

♪あんたがた♪

♪どこさ♪

失敗すると抜ける。

109

44 ごんべさんの赤ちゃん

　2つのチームに分かれます。ここに横に5個，たてに2個のマスがあります。Aチームの人はこっちから，Bチームの人はそっちから，両足を2つのマスに入れて，まず前にとびます。そして後ろへ戻って，今度は横，横，横ととび，また前にとんで，後ろへ戻って，横，横，横ととびます。これで始めの地点に戻りましたね。これをくり返して，最後にジャンケンをして負けた人は交替します。勝った人は，また続いてやります。

　さあ，今度は歌に合わせて，さっきいったように，前，後，横，横，横をやりますよ。「ごんべさんの（前）　赤ちゃんが（後）　かぜ（横）　ひい（横）　た（横）　ごんべさんの（前）　赤ちゃんが（後）　かぜ（横）　ひい（横）　た（横）　（ちゃんと元の位置に来ていますね）　ごんべさんの（前）　赤ちゃんが（後）　かぜ（横）　ひい（横）　た（横）　そこで（前）　あわてて（後）　しっ（横）　ぷ（横）　した（横）」

　元の位置に戻りました。そこで元気にジャンケンをします。途中，線をふんだり，リズムを間違えたりした人はアウトになり，交替します。

🌱 ありんこのあそびメモ

　このあそびは結構大変です。うたいながらリズムに合わせて，前にとんだり，後ろに戻ったり，横にとんだり，かなり運動量があるのです。3，4回も勝つと，負けた方がいいナなんてことも考えてしまうほどです。それなのに，これに動作をつけてやったこともありました。なかなか好評で，しばらくこのあそびがはやりました。もう1つの歌は同じ曲で，「おはぎがおよめに行く時は　アンコとキナコで化粧して　丸いお盆にのせられて　明日はいよいよ　お嫁入り」などと，やってみましょう。

伝承●うたってあそぼう

「ごんべさんの（前にとぶ）赤ちゃんが（後ろへ戻る）かぜ（横へとぶ）ひい（横）た（横）そこで（前）あわてて（後）しっ（横）ぷ（横）した（横）」

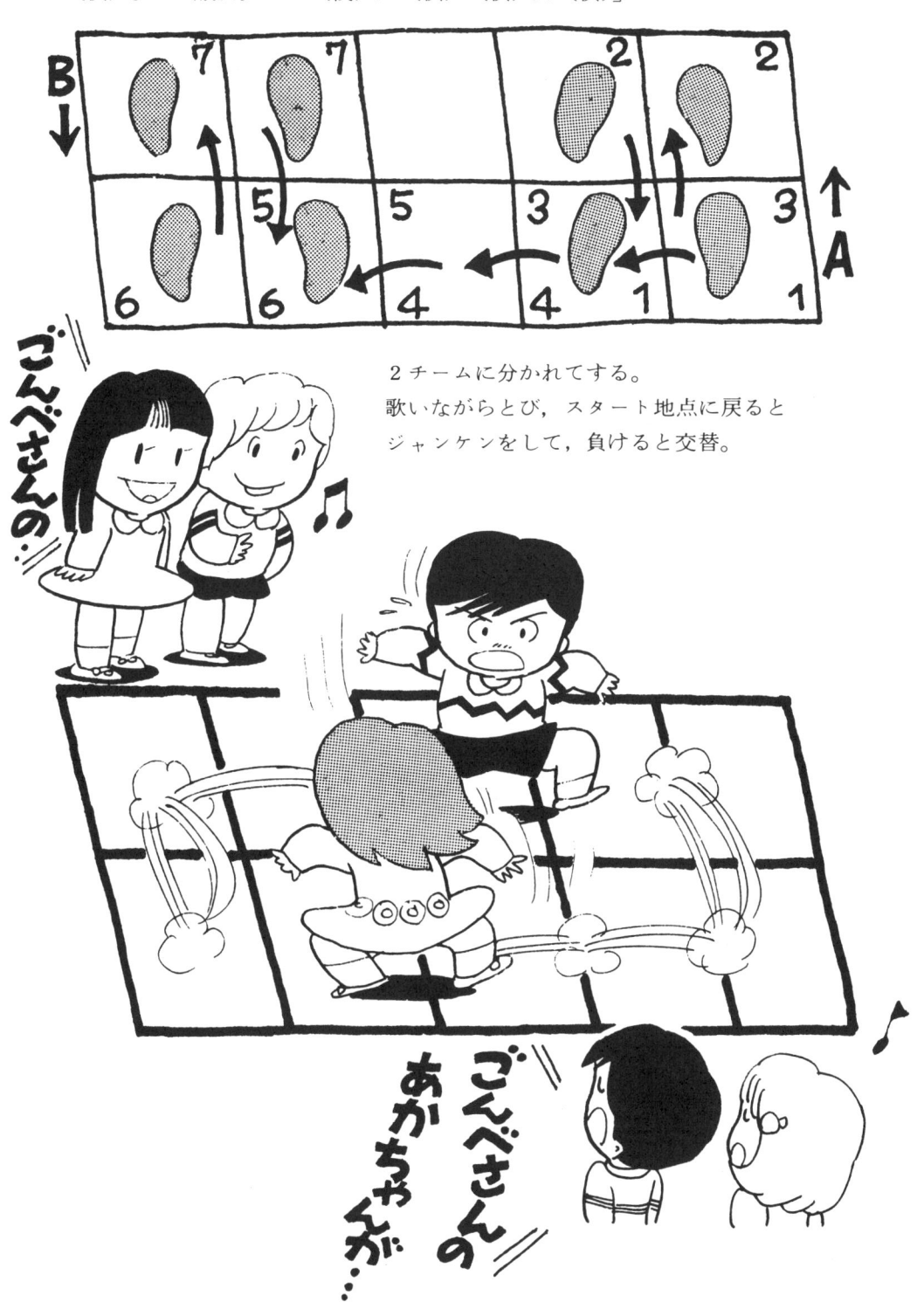

2チームに分かれてする。
歌いながらとび，スタート地点に戻ると
ジャンケンをして，負けると交替。

ごんべさんの…

ごんべさんのあかちゃんが…

45　花いちもんめ

　2つのチームに分かれて，それぞれ横に1列になって手をつなぎ，お互いに向かい合います。

　勝ったチーム(A)から，負けたチーム(B)に向かって，「ふるさともとめて花いちもんめ」と歌って歩き，最後の言葉めの時，片足を大きく上げます。Bチームはうたわずに後ろへ下がります。次はBが答えます。「ふるさともとめて花いちもんめ」

　このように，AとBで問答しながら，相手チームのだれかを取る，子取りあそびです。さあ，この続きの歌は……

　A「となりのおばさん，ちょっとおいで」
　B「おにがこわくて，行かれません（行かれない）」
　A「お釜かぶって，ちょっとおいで」
　B「お釜底ぬけ，行かれません」
　A「おふとんかぶって，ちょっとおいで」
　B「おふとんぼろぼろ，行かれません」
　A「あの子が欲しい」
　B「あの子じゃ，わからん」
　A「この子が欲しい」
　B「この子じゃ，わからん」
　A「相談しよう」
　B「そうしよう」
　　（各チーム輪になって，相手チームのだれを欲しいか決めます。決まったら）
　AB「決ーまった」
　A「○○ちゃんが欲しい」

Ｂ「××ちゃんが欲しい」

　　（名前を呼ばれた２人はジャンケンをし，負けた人は相手の仲間となります。勝ったチームは威勢よく）

　勝チーム「勝ってうれしい花いちもんめ」

　負チーム「負けてくやしい花いちもんめ」

　勝チーム「となりのおばさん，ちょっとおいで」
　　　　　　　　　　：

というように，また新しく始めます。

🌷 ありんこのあそびメモ

　集団でおこなう〝わらべうたあそび〟の中でも，傑出したあそびだといえましょう。子どもや大人の区別なく，ちょっとした集団ができると，いつの間にかこのあそびが始まります。

　このあそびではっきり覚えているのは，「大阪ジャンケン，負けるが勝ちよ」というジャンケン方法で，これは足でグー・チョキ・パーを表し，負けた者が勝ちというもので，他のあそびには絶対使わなかったのですが，なぜ使わなかったか，理由を考えたこともありませんでした。

記　録	年　月　日	対　　　象	場　　所	喜　　び

よっちゃんが欲しい

かず子ちゃんが欲しい

指名された子はジャンケンをする

大阪ジャンケンの出し方

パー　　グー　　チョキ

46　ことしの ぼたん

　おにを1人決めます。おには，子が手をつないだ輪の外で待ちます。子は右方向にまわりながらうたいます。

　　子「ことしのぼたんは　よいぼたん
　　　　お耳をからげて　スッポンポン
　　　　もひとつおまけに　スッポンポン」

　この歌が終わったら，輪の外にいたおにがやってきて頼みます。
おに「入れてー」
　子「いやー」
おに「海に連れていってあげるから」
　子「海ぼうずが出るから，いやー」
おに「それでは，山へ連れていってあげるから」
　子「山ぼうずがでるから，いやー」
おに「入れてくれないと，今度家の前を通ったら天秤棒（てんびんぼう）でぶっちゃうから」
　子「じゃ，入れてやる」

こうして，おにを仲間に入れて"ことしのぼたん"をうたいます。うたい終わったら，
おに「もう夕飯のしたくしなくちゃいけないから，帰る」
　子「えっ，もう帰るの。今日の夕御飯のおかずは，なあに」
おに「ヘビ」
　子「生きているの。死んでいるの」
おに「生きているの」
　子「ウワー，ヤダ」
おに「じゃ，さようなら」
　子「さようなら」

おには，輪から出て帰っていきます。子はその後ろ姿に向かって，手をたたきながらうたいます。

　　子 「だれかさんの後ろに，ヘビがいる」
　おに「わたし？」（といって，ふり返る）
　　子 「ちがう」

これを3度ほどくり返した後，最後に子が，「そう」といったら，これを合図に〝おにごっこ〟が始まります。つかまった人が次のおにとなり，最初からおこないます。

🌱 ありんこのあそびメモ

のどかな田園風景に突然の侵入者，言葉巧みにさそおうとしますが，ことごとく拒否され，そこで最終的に威圧し屈服させます。彼も夕飯のしたくをするため帰ろうとしますが，おには一体何を食べるか興味を持つ子らに「ヘビさ」「生きているの」と答えます。想像を絶するこわさです。人間の顔をしたおにの心がチラチラと，垣間見えます。

彼をおにと見破った子らは「だれかさんの後ろに，ヘビがいる」とうたい，私たちはまだ，みんなであそんでいますよ，とポーズをつくります。突然ふり返るおに。おには，気づかれてしまったかなあと思うが，「ちがう」といわれ，やや安心をします。子は，おにとの距離が十分遠く，逃げきれる範囲になった時，初めて「そう」といって逃げるのです。スリル満点のあそびです。

記 録	年 月 日	対　　象	場　　所	喜　　び

伝承●うたってあそぼう

ことしの
ぼたんは

うたいながらまわる

↑
おに

「スッポンポン」
で手をたたく。

「そう」を合図においかけておにに
つかまった人がおにになる。

47 あぶくたった

おにを1人決め，他の子は輪になって手をつなぎます。
おに（あずき）は前かがみになって輪の中に座ります。

 子 「あぶくたった，にえたった，にえたかどうだか食べてみよう（うたいながら両手を上下に振ります）ムシャムシャ（つないでいた手を離し，おにの背中を突いて食べるまねをします）。まだ煮えない（また手をつなぎます）」（これを2回ほどくり返します）

 子 「あぶくたった，にえたった，にえたかどうだか食べてみよう。ムシャムシャムシャ。もうにえた」（このあとは会話です）

 子 「それでは食べよう」

 子 「おふろから帰って食べようよ」

 子 「そうしよう」

 子 「それでは戸棚にしまって，後で食べよう」（といって，おにをみんなで少し運びます）

子は，おふろに出かけ，思い思いにセッケンをつけたり，タオルで洗ったり，お湯をかけている動作をして，おふろから出て家に帰ってきます。

 子 「さあ，おやつのあずきを食べましょう」（といって，あずき（おに）を先ほどの戸棚から出してきて食べるまねをします）

 子 「ウヒャー，ウエー，このあずき，くさっているよ。食べられなーい。捨てちゃおう」（といって，あずきを外に放り出します）

 子 「もう夜だから，戸締まりをして寝よう」（ガチャガチャ，カギを締めるまねをします）

 子 「グーグーグー」（子は体を横にして思い思いに寝ます。そこへおにがやってきます）

 おに 「トントン，トントン」（こぶしで戸をたたくまねをして唱えます）

子　「何の音」

　おに「風の音」

　　子　「あー，よかった」

　おに「トントン，トントン」

　　子　「何の音」

　おに「葉っぱの音」

　　子　「あー，よかった」

　何の音かと聞かれた時に，おには自分で考えて何の音か答えます。3度ほどやりとりしたら，

　おに「おばけの音」

と，大きな声でいいます。子どもたちは一斉にとび起きて，おににつかまらないように逃げます。つかまった人は次のおにになります。長ーい，長ーい物語の末の〝おにごっこ〟あそびです。

🌷 ありんこのあそびメモ

　このあそびの特徴は，各個人の独創性がそれぞれに出ていながら，全体のストーリーとして展開されている点です。

　　あずきをにる　食べる　くさっているので捨てる　寝る
　　戸をたたく音を聞く　逃げる

　寝るところまでは子が中心となり，いよいよ夜になるとおにの活躍です。

　初めの部分は，おに（静）―子（動），後の部分は，おに（動）―子（静）。そしてラスト，おにと子の〝おにごっこ〟（動）で結着。見事な知恵といえましょう。

記録	年　月　日	対　　　象	場　　所	喜　　び

おふろに入ったかっこうをする。

ねむったかっこうをする。

おばけの
おとーっ

著者紹介
有木昭久

1942 年生まれ。
1965 年，法政大学経営学部卒業。
子どもたちから，「ありんこ」と呼ばれ親しまれている。伝承遊び，創作遊び，工作遊び，駄玩具の研究に精を出す。
日本児童遊戯研究所所長。
現在，川崎青葉・さぎぬま幼稚園講師。

<著　書>
『子どもの喜ぶ創作集団ゲーム集』『楽しい指あそび・手あそび160』『楽しいあやとり遊び』『楽しい父と子の遊び』（以上，黎明書房），『みんなであそぼう：650のあそびのヒント集』『親子でたのしむストロー工作』（以上，福音館書店），『わかりやすいあやとり百科』（ポプラ社），『脳活性あやとり』（ブティック社），『楽しい遊び』『保育カリキュラム資料』『すぐ遊べるゲーム（全6巻）』（以上，フレーベル館），『あやとり入門』（保育社），『遊びの事典』（共著，東京書籍）

<住　所>
〒158-0093
東京都世田谷区上野毛 2-5-25-310

協力園　川崎青葉幼稚園・さぎぬま幼稚園・文教大学学園幼稚園
本文イラスト　しばはら・ち
カバー・本扉・中扉イラスト　伊東美貴

子どもの喜ぶ伝承集団ゲーム集

2009 年 6 月 1 日　初版発行

著　者	有木　昭久	
発行者	武馬　久仁裕	
印　刷	株式会社　太洋社	
製　本	株式会社　太洋社	

発　行　所　　株式会社　黎明書房

460-0002 名古屋市中区丸の内3-6-27　EBSビル　☎052-962-3045
FAX052-951-9065　振替・00880-1-59001
101-0051 東京連絡所・千代田区神田神保町1-32-2　南部ビル302号
☎03-3268-3470

落丁本・乱丁本はお取替します　　ISBN978-4-654-05961-4
© T. Ariki 2009, Printed in Japan

子どもの喜ぶ遊び・ゲーム②	
子どもの喜ぶ創作集団ゲーム集 B5判・114頁　1500円	有木昭久著／ユニークな創作ゲームが，集団の形態と人数に応じてあそべるよう，「みんなであそぼう」「2チーム対抗ゲーム」「各チーム対抗ゲーム」の3部に分けて収録。
子どもと楽しむゲーム⑩ **楽しい指あそび・手あそび160** A5判・142頁　1600円	三宅邦夫・有木昭久・山崎治美著／手軽にあそべる素朴な指あそび・手あそびを，伝承的なものから創作的なものまで160種紹介。『伝承・創作　指あそび・手あそび160』改題・改版。
子どもと楽しむゲーム① **楽しいおにごっこ78** ―その基本形と展開 A5判・157頁　1600円	豊田君夫著／「ことろことろ」など伝統的なおにごっこ13種と，「宇宙かいじゅう」など様々な条件に合わせた創作おにごっこ65種。『楽しいおにごっこ』改題・改版。
子どもと楽しむゲーム② **集団ゲーム・罰ゲーム82** A5判・159頁　1600円	今井弘雄著／子どもから大人まで楽しめ，いつでもどこでも，すぐに活用できる集団ゲーム・罰ゲーム82種を紹介。『集会をもりあげる罰ゲーム・集団ゲーム82』改題・改版。
子どもと楽しむゲーム⑤ **すぐできるゲーム100** A5判・112頁　1400円	まき・ごろう著／準備をしなくても幼児から大人まですぐできるゲームを，イラストを交え100種紹介。コツや応用方法などのアドバイス付き。『いま・すぐのゲーム』改題・改版。
子どもと楽しむゲーム⑧ **ボールゲーム・** **体力向上ゲーム117** A5判・126頁　1500円	三宅邦夫・山崎治美著／ボールを使った遊び70種と，楽しみながら自然と体力向上につながるゲーム47種。『子どもと楽しむ体力遊び＆ボール遊び』改題・改版。
子どもの生きる力を育てる **楽しい42の遊び** A5判・101頁　1700円	三宅邦夫著／42種の遊びをイラストとともに紹介。思考力，社会力，運動力，忍耐力に注目し，各遊びでどの力が育つかを明示。遊び具作りも紹介。
山崎治美の **楽しいわらべうたあそび集** ―楽しさ伝わる著者の歌声CD付き B5判・100頁　2200円	山崎治美著／「いろはにこんぺいとう」「あぶくたった」「ずいずいずっころばし」など，わらべうた・あそびうたがさらに楽しい遊びに。著者による全29曲の歌唱CD付き。
黎明ポケットシリーズ① **子どもを動かす魔法のゲーム31** ―付・じょうずに子どもを動かす10のヒント B6判・93頁　1200円	斎藤道雄著／口で言われただけではできない，おかたづけや静かにすることが，遊んでいるうちにできるようになる魔法のゲーム31種。やおやのおみせ／玉はこびリレー／他。

表示価格は本体価格です。別途消費税がかかります。